2ème édition

D1669938

Python pour la finance et le trading algorithmique

Lucas INGLESE

Avertissement : Je ne suis pas autorisé par une autorité financière à donner des conseils en matière d'investissement. Ce livre est uniquement destiné à des fins éducatives. Je décline toute responsabilité pour toute perte de capital de votre part. En outre, 78,18% des investisseurs privés perdent de l'argent en négociant des CFD. L'utilisation des informations et des instructions contenues dans cet ouvrage se fait à vos propres risques. Supposons que les échantillons de code ou les autres technologies contenus ou décrits dans cet ouvrage soient soumis à des licences open-source ou aux droits de propriété intellectuelle de tiers. Dans ce cas, il vous incombe de vous assurer que l'utilisation que vous en faites est conforme à ces licences et droits. Cet ouvrage ne constitue pas un conseil financier. Veuillez consulter un professionnel qualifié si vous avez besoin de conseils financiers. Les performances passées ne sont pas indicatives des performances futures.

ATTENTION : Toute reproduction partielle ou complète sans le consentement de l'auteur peut entraîner des poursuites judiciaires.

Une question à poser à l'auteur ? Rendez-vous section 1.3 "Rejoindre la communauté"

Table des matières

Pourquoi devriez-vous lire ce livre?

Le secteur financier connaît une importante restructuration. Les traders et les gestionnaires de portefeuille deviennent de plus en plus des scientifiques des données financières (datascientists). Les banques, les hedge funds et les fintechs automatisent leurs investissements en intégrant des algorithmes d'apprentissage automatique (Machine Learning) et d'apprentissage profond (Deep Learning) dans leur processus décisionnel. Cet ouvrage présente les avantages de la gestion de portefeuille, des statistiques et de l'apprentissage automatique appliqués au trading avec des applications concrètes sur la plateforme MetaTrader 5.

La première partie est consacrée à la gestion de portefeuille, à la gestion des risques et au backtest. Ces chapitres nous permettront de comprendre comment combiner des stratégies et quelles métriques examiner pour comprendre la robustesse d'une stratégie.

La partie 2 traite des modèles statistiques prédictifs. Nous aborderons l'arbitrage statistique, le modèle de moyenne mobile autorégressive (ARMA) et les algorithmes de classification basiques.

La partie 3 nous permet de comprendre les modèles prédictifs de Machine Learning et de Deep Learning. Nous verrons ces algorithmes à l'aide d'un exemple de stratégies de trading : Machines à vecteurs de support (SVM), arbre de décision, forêt aléatoire, méthodes d'ensemble, réseau neuronal artificiel (ANN), réseau neuronal récurrent (RNN), réseau neuronal convolutif récurrent (RCNN).

Le livre se termine par un projet concret de A à Z : importation de données depuis votre courtier, création d'un portefeuille de stratégies de trading, déploiement en live trading, ou encore utilisation d'un screener.

Qui suis-je ?

Je suis Lucas, un trader quantitatif indépendant spécialisé dans l'apprentissage automatique et la science des données, le fondateur de

Quantreo un site d'apprentissage en ligne sur le trading algorithmique (www.quantreo.com), fondateur de FinUp (finup.fr) un site d'éducation financière et co-fondateur de BullTrading (bulltrading.be), un site de copy trading, réputé pour son outil qui permet de créer des robots de trading sans coder.

Je suis diplômé en mathématiques et en économie de l'Université de Strasbourg (France). J'aide déjà plus de 65 000 étudiants grâce à mes cours en ligne et à ma chaîne YouTube..

J'ai une approche quantitative du trading, combinant modèles prédictifs, théorie financière et calcul stochastique.

Pour vous montrer des résultats réalistes, vous pouvez voir le bénéfice de mon dernier portefeuille de stratégies en live trading : 2,5% de rendement pour un drawdown de 0,6% sans effet de levier en 1 mois et demi.

Figure 1 : Mon dernier signal de trading sur BullTrading

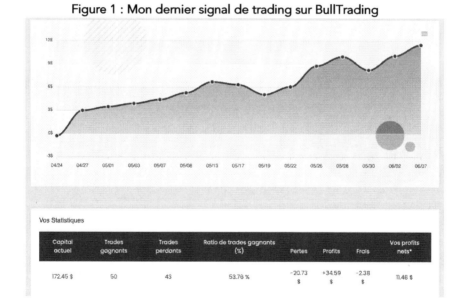

Vos Statistiques

Capital actuel	Trades gagnants	Trades perdants	Ratio de trades gagnants (%)	Pertes	Profits	Frais	Vos profits nets*
172.45 $	50	43	53.76 %	-20.73 $	+34.59 $	-2.38 $	11.46 $

Vous pouvez voir l'un de mes derniers signaux sur BullTrading (bulltrading.be), une plateforme de copy trader. Cette stratégie est basée sur l'apprentissage automatique et l'analyse quantitative (les mêmes que dans le livre).

Chapitre 1 : Lisez-moi

1.1. Trouver le code

Toutes les ressources du livre sont disponibles sur le dépôt GitHub (https://github.com/Quantreo/2nd-edition-BOOK-AMAZON-Python-for-Finance-and-Algorithmic-Trading) que vous trouverez dans en utilisant le QRCode de la section 1.3. S'il y a un problème avec ce lien ou quelque chose d'autre lié au code, contactez-nous en utilisant la page de contact www.quantreo.com. Avant de lire ce livre, vous devez télécharger Jupyter Notebook à l'aide du navigateur Anaconda (https://www.anaconda.com). Dans le Github, vous trouverez un fichier intitulé Chapter_01/Requierements.ipynb qui installe toutes les bibliothèques nécessaires pour suivre le livre correctement. Toutes les lectures supplémentaires peuvent être trouvées dans le fichier README.md dans le dépôt Github.

1.2. Conventions utilisées dans ce livre

 Cet encadré donne des précisions, des suggestions ou des conseils habituellement utilisés dans la finance, le commerce ou les sciences des données.

 Cette case donne des précisions, des suggestions ou des conseils sur le code.

 Cet encadré donne des précisions, des suggestions ou des conseils issus de l'expérience de l'auteur.

Contenu en italique : expliquer les figures

1.3. Rejoignez notre communauté

Suivez-nous sur les médias sociaux pour obtenir les dernières informations sur le trading algorithmique, des conseils et des stratégies prêtes à l'emploi. De plus, rejoignez le forum discord de la communauté pour poser toutes vos questions sur le livre afin de le lire facilement !

Linktree QRCODE

Chapitre 2 : Prérequis

Ce chapitre présente les conditions préalables nécessaires à la compréhension approfondie de ce livre. Tout d'abord, nous aborderons les bases des mathématiques, des statistiques, de l'algèbre et de l'optimisation. Ensuite, les principales théories financières et les bases nécessaire de Python pour mettre en œuvre nos stratégies de trading.

2.1. Prérequis mathématiques

Cette section vise à détailler de nombreux termes et concepts mathématiques nécessaires à la compréhension de l'ensemble du livre. Cependant, il ne s'agit pas d'un cours complet de mathématiques financières. Nous couvrirons uniquement quelques notions d'algèbre, de statistiques et d'optimisation.

2.1.1. Algèbre

L'algèbre est un domaine important à connaître lorsque l'on travaille dans la finance. En effet, nous travaillerons tout le temps avec des matrices et c'est le cœur de l'algèbre. Il est donc nécessaire d'en comprendre les bases.

Il existe de nombreuses théories sur les matrices en mathématiques, plus complexes les unes que les autres, mais pour nous, ce sera simple : une matrice sera un ensemble de données. Prenons l'exemple d'une matrice A de forme (n,m), où m est le nombre de colonnes et n le nombre de lignes de la matrice.

$$A = \begin{pmatrix} 1 & 0.7 \\ -1 & -3 \\ 0.6 & 0.1 \end{pmatrix}$$

Nous pouvons imaginer que la matrice A, dont la forme est (3,2), nous donnera le rendement quotidien de certains actifs. En général, les lignes correspondent aux jours et les colonnes aux actifs. Ainsi, la matrice comporte deux actifs et trois rendements quotidiens pour chacun.

Il existe de nombreuses opérations essentielles que l'on peut appliquer à une matrice. Voyons-en quelques-unes :

- **Addition** : il faut des matrices de même forme (même nombre de lignes et de colonnes) pour les additionner. Il faut simplement ajouter les coefficients de la matrice A à ceux de la matrice B, un par un. Prenons un exemple pour l'expliquer.

$$\begin{pmatrix} 1 & 1 \\ 2 & 3 \end{pmatrix} + \begin{pmatrix} 1 & 1 \\ 1 & 1 \end{pmatrix} = \begin{pmatrix} 1+1 & 1+1 \\ 2+1 & 3+1 \end{pmatrix}$$

- **Soustraction** : Nous avons besoin de matrices ayant la même forme pour les additionner. Il faut alors soustraire les coefficients de la matrice A aux coefficients de la matrice B, un par un.

$$\begin{pmatrix} 1 & 1 \\ 2 & 3 \end{pmatrix} - \begin{pmatrix} 1 & 1 \\ 1 & 1 \end{pmatrix} = \begin{pmatrix} 1-1 & 1-1 \\ 2-1 & 3-1 \end{pmatrix}$$

- **Multiplication scalaire** : On multiplie chaque coefficient par le scalaire (juste un nombre). Prenons un exemple pour expliquer.

$$3 * \begin{pmatrix} 1 & 1 \\ 2 & 3 \end{pmatrix} = \begin{pmatrix} 3*1 & 3*1 \\ 3*2 & 3*3 \end{pmatrix}$$

Les trois opérations précédentes sont les opérations de base entre matrices mais il existe des opérations plus complexes comme l'inverse, la comatrix et la transposée. Heureusement, nous n'avons besoin de connaître que la matrice transposée pour le reste de ce livre. Supposons que chaque coefficient de matrice soit noté $a_{i,j}$ où i est le numéro de ligne et j le numéro de colonne du coefficient. Tous les coefficients de la matrice A $a_{i,j}$ deviennent $a_{j,i}$ dans la matrice transposée appelée A^t. Prenons un exemple pour l'expliquer.

$$\begin{pmatrix} 1 & 4 \\ 2 & 5 \\ 3 & 6 \end{pmatrix}^t = \begin{pmatrix} 1 & 2 & 3 \\ 4 & 5 & 6 \end{pmatrix}$$

2.1.2. Statistiques

Les statistiques sont obligatoires lorsque l'on travaille en finance quantitative. Du calcul des rendements au calcul des probabilités, nous verrons les compétences nécessaires pour travailler sur un projet financier en toute sérénité.

Tout d'abord, nous allons voir quelques métriques statistiques, mais ne vous inquiétez pas si vous ne les comprenez pas à 100% car nous les aborderons plus tard dans le livre ! Pour calculer un exemple de chaque métrique, nous allons travailler avec ces vecteurs (les vecteurs sont des matrices avec une forme (1,n)) : $v = (1,2,3)$ et $u = (0,1,3)$.

- **Moyenne** : C'est la statistique la plus simple. C'est la somme de toutes les valeurs, divisée par le nombre de valeurs.

$$\overline{v} = \frac{1}{N}\sum_{i=1}^{N} v_i = \frac{1}{3} * (1 + 2 + 3) = 2$$

- **Variance** : La variance est une mesure de la dispersion des valeurs dans un échantillon. Cette métrique permet de comprendre à quel point les valeurs sont dispersées autour de la moyenne.

$$Var = \frac{1}{N}\sum_{i=1}^{N} (v_i - \overline{v})^2 = \frac{1}{3} * ((-1)^2 + 0^2 + 1^2) = \frac{2}{3} = 0.67$$

- **Écart-type** : L'écart-type est également une mesure de la dispersion des valeurs dans un échantillon. Cette métrique permet de comprendre la dispersion des valeurs autour de la moyenne. Elle est la racine carrée de la variance. En finance, elle permet de calculer la volatilité d'un actif.

$$\sigma = \sqrt{Var} = \sqrt{\frac{2}{3}}$$

- **Somme cumulée** : Cette métrique renvoie un vecteur, et pas seulement un nombre. Une somme cumulative est une suite de sommes partielles d'une séquence donnée.

$$v_j = \sum_{i=1}^{j} v_i = (1, 1 + 2, 1 + 2 + 3) = (1,3,6)$$

- **Produit cumulé** : Cette métrique renvoie un vecteur, pas seulement un nombre. Elle fait le produit de toutes les valeurs précédentes pour chaque coefficient.

$$v_j = \prod_{i=1}^{j} v_i = (1, 1 * 2, 1 * 2 * 3) = (1,2,6)$$

- **Erreur quadratique moyenne (EQM)** : Cette métrique est utilisée pour calculer la perte d'un algorithme ce qui nous permet de l'entraîner (mais nous en reparlerons plus tard). Pour pénaliser l'erreur significative, elle va calculer toutes les différences entre les prédictions et les valeurs réelles. Nous avons besoin de deux vecteurs ou matrices ayant la même forme.

$$MSE = \sum_{i=1}^{N} (v_i - u_i)^2 = 1^2 + 1^2 + 0^2 = 2$$

- **Erreur absolue moyenne (MAE)** : Cette métrique est également utilisée pour calculer la perte d'un algorithme. Elle calcule toutes les différences entre les prédictions et prend la valeur absolue de la soustraction. Nous avons besoin de deux vecteurs ou matrices ayant la même forme.

$$MAE = \sum_{i=1}^{N} |v_i - u_i| = 1 + 1 + 0 = 2$$

Où l-xl = lxl = x. Cela signifie que la valeur absolue ne prend que les valeurs et non le signe.

Maintenant, parlons des tests statistiques. Il en existe de nombreux, mais nous n'en verrons qu'un seul dans ce livre, qu'il est essentiel de comprendre : le test de Dick et Fuller augmenté. Toutefois, expliquons d'abord comment fonctionne généralement un test statistique.

Habituellement, il y a deux hypothèses : H0 et H1. L'objectif du test est de vérifier l'hypothèse H0.

C'est un domaine vaste et passionnant qui pourrait être couvert par un livre entier. Nous allons donc essayer de le simplifier rapidement. Lorsque nous effectuons un test statistique, nous n'avons que deux possibilités : nous rejetons H0, ou nous ne pouvons pas rejeter H0. Pour savoir dans quelle situation nous nous trouvons, nous utiliserons la valeur p (une valeur entre 0 et 1). Les règles suivantes peuvent être appliquées à chaque test d'hypothèse ; si nous prenons un seuil d'erreur **s** et la valeur d'un test qui est appelée p, nous avons ces deux possibilités :

- **p > s : on ne peut pas** rejeter H0
- **p < s** : on peut rejeter H0

Enfin, nous devons discuter des lois de probabilité. Elles sont essentielles en finance car elles nous permettent de comprendre comment les observations sont distribuées. La loi la plus utilisée en finance est la loi normale. Ainsi, nous allons illustrer la notion suivante en la prenant. Il y a deux fonctions essentielles dans une loi de probabilité :

- **Fonction de distribution cumulative ou fonction de répartition (CDF) :** Cette fonction renvoie la probabilité que la variable aléatoire X soit inférieure à la valeur x. Cela prend en compte toutes les valeurs de l'ensemble des réels et renvoie une valeur comprise entre 0 et 1 car il s'agit d'une probabilité. Formalisons un peu cela.

$$F_X(x): \mathbb{R} \to [0,1]$$

$$F_X(x) = P(X < x)$$

- **Fonction de densité de probabilité (PDF)** : Cette fonction nous permet de comprendre les distributions des observations. Voyons dans la figure 2.1 la différence entre CDF et PDF.

Figure 2.1 : CDF et PDF pour la loi normale

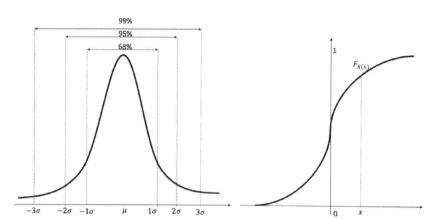

On peut voir la CDF à droite et la PDF à gauche de la figure. Cependant, le pourcentage entre l'intervalle d'écart-type n'est valable qu'avec une loi normale, pas pour les autres.

2.1.3. Optimisation

Lorsque l'on parle de gestion de portefeuille, cela implique toujours de parler d'optimisation. Les méthodes d'optimisation nous permettent de minimiser ou de maximiser une fonction sous contraintes. Par exemple, dans la gestion de portefeuille, nous maximisons l'utilité du portefeuille sous la contrainte que le poids du portefeuille doit être égal à 100%. Prenons un exemple de problème d'optimisation en expliquant chaque partie.

$$\max_{\sum w_i = 100\%} U(w)$$

La fonction à maximiser est $U(w)$ et nous voulons la maximiser. Cependant, nous avons une contrainte $\sum w_i = 100\%$ qui signifie que nous voulons investir tout notre capital. Le vecteur des poids w est la variable qui nous permet d'optimiser la fonction.

2.2. Prérequis en finance

Cette section explique certaines théories obligatoires à connaître avant de créer des stratégies de trading algorithmique : l'efficience du marché, les bases du trading et la théorie de la gestion de portefeuille.

2.2.1. L'efficacité du marché

La théorie de l'efficience des marchés implique que nous ne pouvons pas prédire le comportement des actions car il s'agit d'une marche aléatoire. Cependant, il ne s'agit que de la théorie. En pratique, il est possible de prédire le comportement des actions. Voyons les différents niveaux d'efficience pour expliquer cela.

- **Faible efficience du marché** : Cette partie implique qu'il est impossible de prédire le prix des actions en utilisant les prix passés. Ainsi, le cours de l'action est une marche aléatoire. Cependant, nous pouvons prédire le prix futur des actions en utilisant des techniques d'apprentissage automatique. Le but du livre est d'utiliser des modèles prédictifs quantitatifs pour prouver que l'efficience faible n'est pas toujours respectée.

- **Efficacité du marché semi-forte** : Cette partie implique que toutes les informations sont toujours prises en compte dans les prix des actions. Cela signifie qu'on ne peut pas faire de profit en utilisant les nouvelles, l'actualité économique. En effet, le marché devrait déjà prendre en compte les nouvelles avant qu'elles n'arrivent en utilisant les prévisions des investisseurs. Cependant, il est possible de prouver que le marché de l'efficacité semi-forte n'est pas toujours respecté en utilisant le traitement du langage naturel (NLP). Par exemple, en utilisant des algorithmes d'apprentissage automatique, nous pouvons utiliser les tweets, les nouvelles et la télévision pour trouver des opportunités.

- **Forte efficacité du marché :** Cette partie implique que toutes les informations sont disponibles pour tout le monde. Cependant, elle est incorrecte car le PDG de l'entreprise peut accéder à certaines informations que les investisseurs privés n'ont pas. Ces informations peuvent être utilisées pour

19

réaliser un profit sur le marché. Ainsi, cela prouve que la forte efficacité du marché n'est pas toujours respectée. Cependant, nous ne pouvons pas utiliser d'algorithmes pour le prédire.

2.2.2. Les bases du Trading

Lorsque nous parlons de trading dans ce livre, nous ne parlons que de trading spéculatif. L'objectif est de réaliser des bénéfices en utilisant les **CFD (Contract for Differences)**.

Un Contract for Differences (CFD) est un produit dérivé qui suit la même variation que son sous-jacent. L'avantage du CFD est que nous pouvons parier sur la baisse de l'action. C'est ce qu'on appelle **vendre à découvert** un actif (nous en parlerons plus tard).

Lorsque nous achetons un CFD, nous payons des frais. Ces frais sont soit une commission, soit un spread. Le **spread** est la différence entre le prix d'achat et le prix de vente. De plus, les **commissions** sont un montant fixe que nous payons au courtier **pour entrer et sortir des positions**.

La dernière notion que nous devons connaître est l'**effet de levier**. Un outil financier disponible lorsque nous ouvrons un compte chez le courtier nous permet de multiplier les rendements de nos investissements. Ainsi, il est bénéfique lorsque nous gagnons de l'argent et mauvais lorsque nous en perdons. L'effet de levier est un outil puissant qui peut être un destructeur pour le capital dans de mauvaises mains (rappel : avec un grand pouvoir vient une grande responsabilité).
En général, l'effet de levier est supporté par le compte et non pour chaque transaction. Comme nous l'avons dit précédemment, l'effet de levier augmente le risque de perdre de l'argent. Cependant, il permet aux personnes disposant de peu de capital d'investir sur le marché. Ainsi, en pratique, il est fortement recommandé de travailler sur des comptes avec une couverture de capital, ce qui signifie que le courtier ferme nos positions avant que nous n'ayons épuisé notre capital, afin de ne pas vous endetter auprès du courtier, même si lors de

mouvements extrêmement volatils, il est possible d'être endetté auprès du courtier s'il n'a pas pu fermer les positions à temps.

Il y a une autre variable que nous devons considérer : le **swap (notamment sur le Forex, le marché des devises)**. Il s'agit d'un intérêt payé au courtier pour maintenir la position ouverte la nuit. Comme le swap est une différence de taux d'intérêt, il peut être négatif ou positif.

Lorsque nous avons ouvert des positions, nous pouvons définir un **Stop Loss** (SL) ou un **Take Profit** (TP). Le stop loss est un seuil qui correspond au prix de la pire perte que nous voulons accepter. Cela signifie que si nous ne voulons pas perdre plus de 1% de notre capital, nous fixons notre stop loss au prix de l'actif, ce qui nous fait perdre seulement 1% du capital. Par exemple, nous avons 100$ de capital, et nous voulons limiter la perte sur cette position à 1%. Si nous sommes dans une position étendue, nous fixerons le stop loss à 99$. Si le prix descend en dessous de 99$, la position est fermée automatiquement. Cela nous permet de limiter le risque de l'investissement. Le take-profit est la même chose mais avec la réflexion inverse. Nous fermerons la position lorsque nous gagnerons le montant souhaité.

2.2.3. Les bases de la gestion de portefeuille

L'objectif de la gestion de portefeuille est d'investir en utilisant des techniques permettant de réduire le risque du portefeuille (diversification). Les fondements de la gestion de portefeuille ont été mis en place par M.Markovitz (1952). La théorie du portefeuille moyenne-variance était la base de la technique de gestion de portefeuille. En effet, c'est la première théorie qui se concentre plus sur les statistiques que sur les autres paramètres. Elle sera le fondement de notre analyse statique de portefeuille.

2.3. Prérequis en Python

Dans cette partie, nous allons aborder les principales fonctions des bibliothèques pour la science des données, les mathématiques et la finance que nous allons utiliser.

2.3.1. Bibliothèques pour les sciences des données

Numpy

np.array(obj)	créer un tableau
np.zeros([n,m])	créer une matrice de taille (n,m)
np.ones([n,m])	créer une matrice pleine d'un
np.mean(tableau, axe=)	retourne la moyenne du tableau
np.std(tableau, axe=)	retourne l'écart-type du tableau
np.var(tableau, axe=)	retourne la variance du tableau
np. sum(tableau,axis=)	retourne la somme du tableau
np.cumprod(tableau, axis=)	retourne le produit cumulé du tableau
np.where(condition, valeur_vrai, valeur_faux)	appliquer une condition à un tableau numpy
np.concatenate([arr,...],axis=)	concaténer des tableaux

Pandas

pd.DataFrame(obj, index=[], columns=[])	créer un cadre de données
df.columns = [col,...,col]	changer les colonnes d'un cadre de données
pd.Series(obj, index=[])	créer une série

22

Matplotlib

plt.figure()	modifier la figure
plt.plot(x,y)	tracer une ligne
plt.fill_between(x,y,condition)	tracer une zone
plt.title("titre")	donner un titre
plt.xlabel("title")	donner l'étiquette x
plt.ylabel ("titre")	donner l'étiquette y
plt.legend([col,...,col])	afficher la légende
plt.xlim([a,b])	Redimensionner la limite
plt.show()	montrer une figure

2.3.2. Bibliothèques pour les finances

Yfinance

yf.download(ticker, start=, end=)	télécharger le cours de l'action

Datetime

datetime.now()	donne la date au format datetime
datetime.now().strftime(%Y-%m-%d)	de la date à la chaîne
datetime.now().week()	Trouver le jour de la semaine

Temps

time.sleep(n)	Mettez l'ordinateur dans une pause de n secondes

2.3.3. Bibliothèques de mathématiques

Scipy

scipy.optimize.minimize(critère, x, args=())	Minimiser une fonction

StatsModels

statsmodels.tsa.stattools.adfuller(arr)	Calculer le test d'Adfuller
statsmodels.api.stat.OLS(x,y).fit()	Modèle de train
modèle.resid()	Donnez les résidus
statsmodels.tsa.arima_model.ARIMA(arr)	Calculer le modèle ARIMA
statsmodels.graphics.tsaplots.plot_acf(arr)	Tracez l'acf
statsmodels.graphics.tsaplots.plot_pcaf(arr)	Tracer le pacf

Partie 1 : Gestion de portefeuille, gestion des risques et backtest

Dans cette partie, nous aborderons les méthodes d'optimisation statique de portefeuille, telles que l'optimisation de la moyenne-variance et l'optimisation du ratio de Sharpe. Nous verrons également certaines optimisations dynamiques de portefeuille, comme les critères de momentum. Une fois que nous aurons créé quelques portefeuilles, nous analyserons le risque de ces portefeuilles ainsi que les backtest.

Résumé

Chapitre 3 : Optimisation statique du portefeuille

Chapitre 4 : Optimisation dynamique du portefeuille

Chapitre 5 : Gestion des risques et backtest

Chapitre 6 : Méthodes avancées de backtest

Chapitre 3 : Gestion statique du portefeuille

Ce chapitre abordera les méthodes statiques d'optimisation de portefeuille. Tout d'abord, nous verrons l'intuition derrière l'optimisation de portefeuille et pourquoi elles sont si précieuses pour la gestion de portefeuille. Ensuite, nous examinerons les méthodes traditionnelles d'optimisation de portefeuille comme le critère de moyenne-variance ou le critère de moyenne-variance-skewness-kurtosis. De plus, nous étudierons comment faire notre propre critère d'optimisation de portefeuille.

3.1. Explication de l'optimisation du portefeuille

Cette section explique pourquoi l'optimisation de portefeuille est si précieuse en finance. Tout d'abord, nous verrons la différence entre les risques systémiques et les risques spécifiques. Ensuite, nous soulignerons les avantages de la diversification.

3.1.1. Risque systémique et risque spécifique

Lorsque nous parlons du risque d'un actif, nous pensons à la volatilité de l'actif. En revanche, nous pouvons décomposer le risque d'un actif de deux façons : le risque systémique et le risque spécifique.

Le risque spécifique d'un actif est le risque associé à un actif qui ne dépend pas des conditions du marché. Par exemple, un problème dans une usine de Tesla peut faire baisser le prix de l'action Tesla mais uniquement l'action Tesla car il n'y a aucune raison que ce problème affecte le prix de l'action Netflix, par exemple.

Le risque systémique est un risque macroéconomique sur l'ensemble des actifs de l'économie. Par exemple, supposons qu'il y ait une récession importante causée par une instabilité géopolitique. Dans ce cas, tous les prix des actions vont baisser car les gens ne veulent pas investir à cause de l'incertitude de l'avenir. Il s'agit d'un risque systémique car il affecte tous les actifs de l'économie.

La grande différence entre le risque spécifique et le risque systémique est que le risque systémique ne dépend pas des actions de l'entreprise. Ainsi, l'objectif des méthodes d'optimisation de portefeuille est de réduire le risque spécifique dans le portefeuille. Pour ce faire, nous utilisons la diversification.

Ce livre n'explique que comment réduire le risque spécifique, mais il est possible de réduire le risque systémique en utilisant des produits dérivés.

3.1.2. Diversification

La diversification est le processus central de la gestion de portefeuille. Elle permet de réduire le risque spécifique du portefeuille, comme expliqué ci-dessus. Cette stratégie vise à augmenter le nombre d'actifs dans le portefeuille afin de rendre le risque spécifique de chaque actif insignifiant. L'explication est présentée dans la figure 3.1.

Figure 3.1 : Risque du portefeuille

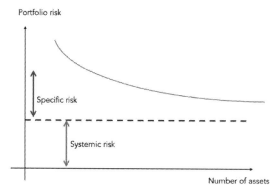

Dans cette figure, nous voyons la décomposition du risque entre le risque spécifique et le risque systémique. Plus le nombre d'actifs augmente, plus on se rapproche du risque systémique du portefeuille.

La figure montre que l'augmentation du nombre d'actifs permet de réduire le risque du portefeuille au risque systémique du portefeuille car le risque spécifique de chaque actif diminue avec le nombre d'actifs. Ainsi, la figure met en évidence le pouvoir de la diversification pour diminuer le risque d'un portefeuille.

La diversification réduit le risque spécifique à un niveau théorique de 0, mais en pratique, le coût de la transaction ou la taxation oblige à limiter un peu la diversification et à trouver une allocation raisonnable compte tenu du coût des transactions.

3.2. Les méthodes traditionnelles d'optimisation de portefeuille

Dans cette section, nous allons apprendre les méthodes traditionnelles d'optimisation de portefeuille. Ce livre ne se concentrera pas sur la théorie de la fonction d'utilité du portefeuille mais uniquement sur son calcul et ses avantages[1]. Ensuite, nous utiliserons une dérivée de la fonction d'utilité du portefeuille pour créer des critères de diversification avancés.

3.2.1. Fonction d'utilité du portefeuille

Nous allons expliquer quelques résultats passionnants concernant la fonction d'utilité du portefeuille et le processus que nous allons suivre dans les parties suivantes. La fonction d'utilité du portefeuille est le point principal de la théorie de la gestion de portefeuille. En effet, avec cette fonction, nous pouvons quantifier la satisfaction donnée par le portefeuille. Naturellement, nous allons utiliser cette fonction pour maximiser l'utilité de l'investisseur.

La fonction d'utilité est difficile à calculer dans sa forme originale. Ainsi, pour éviter ce problème, nous utiliserons l'approximation de

---

[1] **Lecture supplémentaire** : Markowitz's "Portfolio Selection ": A Fifty-Year Retrospective

Taylor de cette fonction pour trouver la moyenne-variance et le critère d'asymétrie et d'aplatissement de la moyenne-variance.

L'équation $U_{MV}(w)$ est le critère de moyenne-variance, et l'équation $U_{SK}(w)$ est le critère de moyenne-variance-skewness-kurtosis. Dans l'équation suivante, μ est la moyenne des rendements du portefeuille, σ la volatilité du portefeuille, s le skewness du portefeuille, et k le kurtosis du portefeuille. De plus, λ est le niveau d'aversion au risque (nous le fixons à 3 car il s'agit d'une aversion au risque habituelle), $\overline{w}$ la richesse sans risque (nous la fixons à 1,0025), et w la richesse du portefeuille.

$$U_{MV}(w) = \frac{\overline{w}^{1-\lambda}}{1+\lambda} + \overline{w}^{-\lambda}w\mu - \frac{\lambda}{2}\overline{w}^{-1-\lambda}w^2\sigma^2$$

$$U_{SK}(w) = U_{MV}(w) + \frac{\lambda(\lambda+1)}{6}\overline{w}^{-2-\lambda}w^3s - \frac{\lambda(\lambda+1)(\lambda+2)}{24}\overline{w}^{-3-\lambda}w^4k$$

Ne vous inquiétez pas, nous vous montrerons comment le calculer dans la section suivante !

3.2.2. Critère de la moyenne-variance

Dans cette sous-section, nous allons mettre en œuvre une optimisation moyenne-variance[2]. Il est nécessaire de télécharger une base de données contenant les cours de clôture ajustés de certains actifs. Pour effectuer l'optimisation de portefeuille, nous utiliserons ces actifs : Facebook, Netflix, et Tesla. Pour l'importation, nous utiliserons la bibliothèque *yfinance*, qui nous permet d'importer des données très rapidement. De plus, nous transformons les données en variation quotidienne afin de mettre tous les actifs sur la même échelle.

Code 3.1 : Importation des données

```
# Importation of data
list_tickers = ["FB", "NFLX", "TSLA"]  1
database = yf.download(list_tickers)  2
```

---

[2] **Lecture supplémentaire :** *Portfolio management: mean-variance analysis in the US asset market.*

```
# Take only the adjusted stock price
database = database["Adj Close"]3


# Drop missing values
data = database.dropna().pct_change(1).dropna()4
```

1 Créez une liste de tickers en utilisant la notation Yahoo.

2 Utilisez la fonction *download()* de *yfinance* pour importer l'ensemble
   de données.

3 Sélectionnez uniquement les prix de clôture ajustés.

4 Créez des déclarations et supprimez les valeurs manquantes.

Figure 3.2 : Extrait de la base de données

Date	05-21	05-22	05-23	05-24	05-25	05-29
Facebook	-0.110	-0.089	0.032	0.032	-0.34	-0.096
Netflix	0.025	-0.056	0.062	-0.023	-0.001	-0.011
Tesla	0.044	0.071	0.007	-0.024	-0.016	0.063

*Extrait de la base de données du code 3.1, qui importe les données
de Facebook (FB), Netflix (NFLX), et Tesla (TSLA) de 2012 à 2021.*

Maintenant, nous devons définir la fonction *MV_criterion* pour calculer
l'utilité de la fonction et trouver la meilleure distribution parmi les trois
actifs. Pour ce faire, nous allons calculer l'équation de la partie 3.2.1
$(U_{MV}(w))$.

Code 3.2 : fonction du critère moyenne-variance

```
def MV_criterion(weights, data) :
    """

    ---------------------------------------------------------------
    | Sortie : critère d'optimisation du portefeuille |
    ---------------------------------------------------------------
    | Entrées : -weight (type ndarray numpy) : Poids pour le portefeuille |
    | - données (type ndarray numpy) : Rendements des actions |
    ---------------------------------------------------------------

    """
```

31

```
# Parameters 1
Lambda = 3
W = 1
Wbar = 1 + 0.25 / 100 2


# Compute portfolio returns
portfolio_return = np.multiply(data, np.transpose(weights)) 3
portfolio_return = portfolio_return.sum(axis=1) 4


# Compute mean and volatility of the portfolio
mean = np.mean(portfolio_return, axis=0) 5
std = np.std(portfolio_return, axis=0) 6


# Compute the criterion
criterion = Wbar ** (1 - Lambda) / (1 + Lambda) + Wbar ** (-Lambda)
\ * W * mean - Lambda / 2 * Wbar ** (-1 - Lambda) * W ** 2 *\ std
** 2 7


criterion = -criterion 8
return criterion
```

1 Définissez les paramètres du modèle ci-dessus.

2 La richesse sans risque est de 1 + le taux sans risque (0,25%).

3 Multipliez les colonnes par leur coefficient pour conserver une matrice de forme (n,m).

4 Additionner toutes les colonnes pour avoir le portefeuille (shape=(n,1)).

5 Calculez la moyenne des rendements quotidiens du portefeuille (en utilisant axis=0 pour les obtenir un vecteur de moyenne sur les lignes).

6 Calculez la volatilité quotidienne du portefeuille (l'écart-type).

7 Calculez $U_{MV}(w)$ en utilisant la formule précédente.

8 Renvoyer l'opposé du critère pour le minimiser.

Maximiser une fonction revient à minimiser l'opposé de cette fonction. Ainsi, nous allons utiliser la fonction minimize dans le code suivant car le MV_criterion nous retourne $-U_{MV}(w)$.

Une fois que nous avons une fonction à minimiser (maximiser l'inverse de U(w)), nous devons configurer les limites du problème d'optimisation suivant.

$$\max_{\sum \alpha_i = 1} U_{MV}(w)$$

Comme nous maximiserons l'utilité sous la contrainte d'utiliser tout le capital, la somme des α_i doit être égale à 100 %. Par conséquent, nous devons utiliser tout notre capital. Ainsi, les limites de chaque actif sont (0,1).

Nous devons également définir un poids pour le début de l'optimisation. De plus, nous n'effectuerons l'optimisation que sur l'ensemble de formation (70 % des données) et nous analyserons les performances de l'ensemble de test (30 % des données).

Code 3.3 : Mise en œuvre du problème d'optimisation du portefeuille

```
split = int(0.7 * len(data)) 1

train_set = data.iloc[:split, :]

test_set = data.iloc[split:, :]


# Find the number of assets
n = data.shape[1] 2


# Initialization weight value
x0 = np.ones(n) 3


# Optimization constraints problem
cons = ({'type': 'eq', 'fun': lambda x: sum(abs(x)) - 1})4


# Set the bounds
Bounds = [(0, 1) for i in range(0, n)] 5
```

```
# Optimization problem solving
res_MV = minimize(MV_criterion, x0, method="SLSQP",
                  args=(train_set), bounds=Bounds,
                  constraints=cons, options={'disp': True}) 6


# Result
X_MV = res_MV.x  7
```

1 La variable split est un nombre entier représentant la valeur à 70% des données. Il s'agit d'une astuce pour sélectionner les ensembles de formation et de test.

2 n est le nombre d'actifs, donc nous utilisons la commande . *shape[1]* pour avoir le nombre de colonnes qui est le nombre d'actifs.

3 Initialiser la valeur du vecteur de poids. C'est un vecteur rempli de un avec une forme (n,).

4 Définir les contraintes de l'optimisation. Ici, nous voulons que l'investisseur utilise la totalité de son capital. Ainsi, nous souhaitons que la somme des poids soit égale à 100%. (Il y a une valeur absolue si nous souhaitons également vendre à découvert).

5 Définir la limite de l'optimisation. Nous définissons les bornes de 0 à 1 parce que nous voulons une stratégie long-only. Si nous créons une stratégie long-short, les *limites* seront (-1,1).

6 Minimiser l'opposé de la $U_{MV}(w)$ en utilisant la fonction *minimize* de *scipy*.

7 Extraire le poids optimal pour notre portefeuille.

Avec le code précédent, nous avons trouvé la meilleure allocation pour cet actif et, le vecteur des pondérations est disponible dans la figure 3.3.

Figure 3.3 : Allocation des pondérations du portefeuille en utilisant le critère MV

Actif	Facebook	Netflix	Tesla
Poids	33.35%	33.35%	33.30%

Comme nous pouvons le voir, l'optimisation avec le critère MV prend l'action Facebook pour 33,35%, l'action Netflix pour 33,35%, et l'action Tesla pour 33,30%.

Maintenant, nous avons les pondérations de chaque actif dans notre portefeuille. Nous devons donc afficher les rendements de celui - ci sur l'ensemble de test pour voir si l'optimisation du portefeuille est bonne ou non. Même si les rendements cumulés du portefeuille ne peuvent pas dire seuls si c'est une bonne optimisation ou non, c'est une bonne indication.

Code 3.4 : Performances sur l'ensemble de test

```python
# Compute the cumulative return of the portfolio (CM)
portfolio_return_MV = np.multiply(test_set,np.transpose(X_MV))   1
portfolio_return_MV = portfolio_return_MV.sum(axis=1) 2


# Plot the CM
plt.figure(figsize=(15,8)) 3
plt.plot(np.cumsum(portfolio_return_MV)*100,
 color="#035593", linewidth=3) 4
plt.ylabel("Cumulative return %", size=15, fontweight="bold")5
plt.xticks(size=15,fontweight="bold")
plt.yticks(size=15,fontweight="bold")
plt.title("Cumulative   return   of   the   mean   variance   potfolio",
size=20)
plt.axhline(0, color="r",linewidth=3) 6
plt.show()7
```

1   On multiplie chaque colonne par son coefficient. Ainsi, nous avons toujours une matrice de forme (n,m).

2   Nous faisons la somme de chaque colonne pour avoir le rendement du portefeuille.

3   Nous changeons la taille de la figure pour avoir une meilleure visualisation.

4   Affichage de la somme cumulée du portefeuille en pourcentages.

5   Mettre un nom et augmentez la taille des étiquettes des ordonnées.

6   Mettez une ligne horizontale à 0 pour mettre en évidence ce seuil.

7   Nous montrons le graphique en utilisant *plt.show()*.

Dans la figure 3.4, nous pouvons voir le graphique du rendement cumulé sur l'ensemble de test. Le rendement du portefeuille est plutôt intéressant, mais ce n'est que dans le chapitre suivant que nous apprendrons comment compléter l'analyse de nos stratégies aux niveaux de la stabilité des performances mais aussi du risque.

En effet, nous verrons de nombreuses métriques telles que les ratios de Sharpe et de Sortino, le drawdown, et les métriques CPAM pour ne citer qu'elles à titre d'exemple.

Figure 3.4 : Rendement cumulé du portefeuille sur le jeu de test

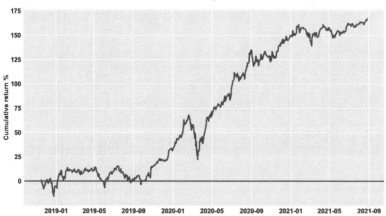

Comme nous pouvons le constater, le rendement cumulé du portefeuille est stagnant la première année. Cependant, après cette période, le rendement du portefeuille connaît une croissance considérable.

3.2.3. Critère moyenne-variance-skweness-kurtosis

Dans la dernière sous-section, nous avons vu le critère de la moyenne-variance. Dans cette sous-section, nous verrons une extension du critère de moyenne-variance : le critère de moyenne-variance-skewness-kurtosis[3] (critère SK).

Nous allons prendre exactement les mêmes données pour comparer les optimisations. Ici, nous allons utiliser $U_{SK}(w)$ et non $U_{MV}(w)$ comme critère. Ainsi, nous verrons la différence de poids avec différents critères.

Code 3.6 : Mise en œuvre du critère SK

```python
def SK_criterion(weights, data) :
    """

    --------------------------------------------------------------------

    | Sortie : critère d'optimisation du portefeuille |

    --------------------------------------------------------------------

    | Entrées : -weight (type ndarray numpy) : Poids pour le portefeuille |

    | -data (type ndarray numpy) : Rendements des actions |

    --------------------------------------------------------------------

    """

    from scipy.stats import skew, kurtosis
    # Parameters 1
    Lambda = 3
    W = 1
    Wbar = 1 + 0.25 / 100


    # Compute portfolio returns 2
    portfolio_return = np.multiply(data, np.transpose(weights))
    portfolio_return = portfolio_return.sum(axis=1)


    # Compute mean, volatility, skew, kurtosis of the portfolio
    mean = np.mean(portfolio_return, axis=0)
    std = np.std(portfolio_return, axis=0)
    skewness = skew(portfolio_return, 0) 3
    kurt = kurtosis(portfolio_return, 0) 4
```

---

[3] **Lecture complémentaire** : *Mean-variance-skewness-kurtosis based portfolio optimization.*

```
# Compute the criterion

criterion = Wbar ** (1 - Lambda) / (1 + Lambda) + Wbar ** (-Lambda) \

  * W * mean - Lambda / 2 * Wbar ** (-1 - Lambda) * W ** 2 * std ** 2 \

  + Lambda * (Lambda + 1) / (6) * Wbar ** (-2 - Lambda) * W ** 3 * skewnes\

  - Lambda * (Lambda + 1) * (Lambda + 2) / (24) * Wbar ** (-3 - Lambda) *\

W ** 4 * kurt 5


criterion = -criterion 6

return criterion
```

1 Définissez les paramètres du modèle (*lambda=3* est une aversion au risque typique. Plus le lambda est élevé, plus vous détestez le risque).

2 Multipliez chaque actif par son coefficient et faites la somme pour avoir le rendement du portefeuille.

3 Calculez le skweness, qui calcule l'asymétrie de la fonction de densité de probabilité (PDF).

4 Calculez le kurtosis, qui représente l'applatissement de la fonction de densité de probabilité (PDF).

5 Calculer $U_{SK}(w)$.

6 Renvoyer l'opposé du critère car nous allons effectuer une minimisation.

En suivant le même processus que pour le critère MV, nous allons procéder à une optimisation avec le critère SK.

Code 3.7 : Optimisation avec le critère SK

```
# Find the number of assets
n = data.shape[1]


# Initialization weight value
x0 = np.ones(n)


# Optimization constraints problem
cons = ({'type': 'eq', 'fun': lambda x: sum(abs(x)) - 1})
```

```
# Set the bounds
Bounds = [(0, 1) for i in range(0, n)]

# Optimization problem solving
res_SK = minimize(SK_criterion, x0, method="SLSQP",
                  args=(train_set), bounds=Bounds,
                  constraints=cons, options={'disp': True})
# Result for computations
X_SK = res_SK.x
```

Figure 3.5 : Répartition des pondérations du portefeuille SK

Actif	Facebook	Netflix	Tesla
Poids	32.75%	21.06%	46.19%

L'optimisation avec le critère SK prend l'action Facebook pour 32,75%, l'action Netflix pour 21,06%, et l'action Tesla pour 46,19%.

Les pondérations du portefeuille sont différentes de celles de l'optimisation MV. L'objectif est de tracer le rendement du portefeuille de l'optimisation MV et le rendement du portefeuille de l'optimisation SK pour comparer le meilleur dans cette situation (figure 3.6).

Figure 3.6 : Rendements cumulatifs des portefeuilles sur l'ensemble de test

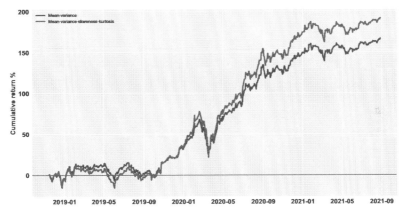

Nous pouvons constater que les deux portefeuilles suivent la même tendance, mais que le portefeuille SK est un peu meilleur que le portefeuille MV.

3.3. Les méthodes modernes d'optimisation de portefeuille

Dans cette section, nous abordons la méthode moderne d'optimisation de portefeuille. Nous verrons comment créer son critère en utilisant l'exemple des critères de Sharpe et de Sortino.

3.3.1. Le critère de Sharpe

Dans cette sous-section, nous parlerons du critère de Sharpe. Tout d'abord, nous devons définir le ratio de Sharpe pour comprendre les avantages de cette optimisation.

Le ratio de Sharpe est la plus connue des métriques financières. En effet, il s'agit d'une métrique de référence dans le secteur. Il nous permet de comprendre les bénéfices supplémentaires pour 1% de risque en plus. Nous pouvons calculer le ratio de Sharpe avec la formule suivante :

$$Sharpe = \frac{\mu - r_f}{\sigma}$$

μ est la moyenne des rendements du portefeuille (annualisée), σ est la volatilité des rendements du portefeuille (annualisée) et r_f est l'actif sans risque (nous fixons 0 pour l'actif sans risque car il se situe actuellement autour de cette valeur).

L'objectif est donc de créer un critère d'optimisation de portefeuille avec cette métrique. Pour ce faire, nous allons suivre le même processus que la méthode traditionnelle de la section précédente. Nous devons donc créer une fonction *SR_criterion()*, qui renvoie l'opposé du ratio de Sharpe car maximiser le ratio de Sharpe est égal à minimiser l'opposé du ratio de Sharpe.

Code 3.8 : Fonction critère SR

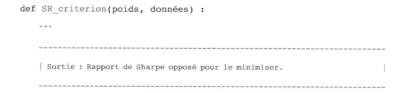

40

```
| Entrées : -Weight (type ndarray numpy) : Poids pour le portefeuille |
| -data (type dataframe pandas) : Rendements des actions |
--------------------------------------------------------------------
"""

# Compute portfolio returns
portfolio_return = np.multiply(data, np.transpose(weight))
portfolio_return = portfolio_return.sum(axis=1)

# Compute mean, volatility of the portfolio
mean = np.mean(portfolio_return, axis=0)
std = np.std(portfolio_return, axis=0)

# Compute the opposite of the Sharpe ratio
Sharpe = mean / std
Sharpe = -Sharpe
return Sharpe
```

Nous pouvons maintenant résoudre le problème d'optimisation comme dans la section précédente. Cependant, nous allons tracer les résultats pour comparer les méthodes d'optimisation dans la figure 3.8 et les poids du portefeuille dans la figure 3.7.

Figure 3.7 : Allocation des pondérations du portefeuille SR

Actif	Facebook	Netflix	Tesla
Poids	24.08%	48.01%	27.91%

Comme nous pouvons le voir, l'optimisation avec le critère SR prend l'action Facebook à 24,08%, l'action Netflix à 48,01%, et l'action Tesla à 27,91%.

Figure 3.8 : Rendements cumulatifs des portefeuilles sur l'ensemble de test

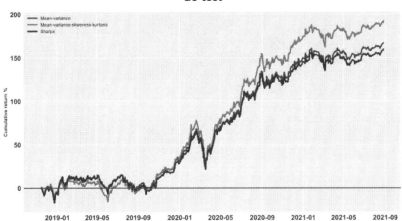

Nous pouvons faire la même interprétation que précédemment. Le portefeuille suit la même tendance mais avec un peu de variation.

3.3.2. Le critère de Sortino

Dans la dernière sous-section, nous avons maximisé le critère du ratio de Sharpe. Cependant, le ratio de Sharpe a un gros point faible : il calcule la volatilité comme la somme de la volatilité à la hausse et à la baisse. Néanmoins, sommes-nous vraiment contre une importante volatilité à la hausse lorsque nous sommes un investisseur ? Non, bien sûr, car elle est synonyme de profit considérable. L'ennemi n'est donc que la volatilité à la baisse.

Le ratio de Sortino est une excellente métrique car c'est un dérivé du ratio de Sharpe, qui ne prend en compte que la volatilité à la baisse. Il nous permet donc de comprendre les bénéfices supplémentaires pour 1 % de risque en plus (seulement un risque baissier). Nous pouvons calculer le ratio de Sortino à l'aide de la formule suivante :

$$Sortino = \frac{\mu - r_f}{\sigma_{downward}}$$

Où μ est la moyenne des rendements du portefeuille (annualisée), $\sigma_{downward}$ est la volatilité à la baisse des rendements du portefeuille (annualisée) et r_f est l'actif sans risque (nous mettons 0 pour l'actif sans risque car il se situe en fait autour de cette valeur).

Donc, comme précédemment, nous devons calculer une fonction à minimiser. Dans la partie de code suivante, nous pouvons trouver la fonction du critère SOR (Sortino).

Code 3.9 : Critère de la fonction SOR

```
def SOR_criterion(poids, données) :
    """

    ----------------------------------------------------------------------
    | Output: Opposite Sortino ratio to do a minimization                |
    ----------------------------------------------------------------------
    | Inputs: -Weight (type ndarray numpy): Wheight for portfolio        |
    |         -data (type dataframe pandas): Returns of stocks           |
    ----------------------------------------------------------------------
    """

    # Compute portfolio returns
    portfolio_return = np.multiply(data, np.transpose(weight))
    portfolio_return = portfolio_return.sum(axis=1)

    # Compute mean, volatility of the portfolio
    mean = np.mean(portfolio_return, axis=0)
    std = np.std(portfolio_return[portfolio_return < 0], axis=0) 1

    # Compute the opposite of the Sharpe ratio
    Sortino = mean / std
    Sortino = -Sortino

    return Sortino
```

1 Pour calculer la volatilité à la baisse, nous prenons tous les rendements négatifs et calculons leur écart type.

Nous pouvons maintenant résoudre le problème d'optimisation comme dans la section précédente. Traçons les résultats pour comparer les méthodes d'optimisation dans la figure 3.10 et les poids du portefeuille dans la figure 3.9.

Figure 3.9 : Répartition des pondérations du portefeuille SOR

Actif	Facebook	Netflix	Tesla
Poids	21.87%	49.85%	28.28%

Comme nous pouvons le voir, l'optimisation avec le critère SOR prend l'action Facebook pour 21,87%, l'action Netflix à 49,85%, et l'action Tesla pour 28,28%.

Le poids est presque le même que le portefeuille SR. Ainsi, le portefeuille sera également très similaire aux autres car la corrélation entre ces trois actifs est élevée.

Figure 3.10 : Rendements cumulatifs des portefeuilles sur l'ensemble de test

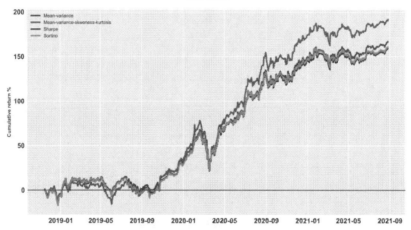

Nous pouvons faire la même interprétation que précédemment. Le portefeuille suit la même tendance mais avec une légère variation.

Résumé

• Le risque spécifique est lié à une seule action. En revanche, le risque systémique est un risque macroéconomique qui peut affecter tous les actifs de l'économie.

- Traditionnellement, nous avons utilisé une approximation de la fonction d'utilité pour trouver les critères à maximiser. Par exemple, le critère de moyenne-variance et le critère de moyenne-variance-skweness-kurtosis.

- Maximiser une fonction est égal à minimiser l'opposé de la fonction.

- Le ratio de Sharpe quantifie les bénéfices supplémentaires pour 1% de risque en plus dans le coût de la volatilité totale.

- Le ratio de Sortino quantifie les avantages supplémentaires pour 1 % de risque supplémentaire dans le coût de la faible volatilité.

Chapitre 4 : Gestion tactique du portefeuille

Les optimisations statiques de portefeuille sont un excellent moyen d'optimiser un investissement à long terme. Cependant, il faut parfois s'écarter de l'optimisation statique du portefeuille en utilisant la gestion dynamique du portefeuille. De plus, les méthodes de portefeuille dynamique permettent de vendre à découvert certains actifs, mais il peut être avantageux de faire des bénéfices si le marché monte ou descend. Pour expliquer ces méthodes, nous allons expliquer le fonctionnement d'un portefeuille dynamique, une stratégie momentum de moyenne mobile et de corrélation.

4.1. Comment fonctionnent les méthodes dynamiques ?

Cette section explique comment fonctionne l'**allocation tactique d'actifs (TAA)**. Pour illustrer cette notion, nous expliquerons ce qu'est la vente à découvert, comment créer un facteur de momentum et comment rééquilibrer un portefeuille dynamique.

4.1.1. Vente à découvert d'une action

Habituellement, dans les **stratégies de portefeuille statiques (SAA)**, nous achetons les actions dans des proportions appropriées. Cependant, dans les méthodes dynamiques (TAA), nous pouvons également parier sur la baisse des actions, ce que l'on appelle la vente à découvert. La vente à découvert n'est généralement utilisée qu'avec la méthode TAA, car cette dernière présente un faible intervalle de rééquilibrage, par exemple un mois, contrairement à la méthode SAA, dont l'intervalle de rééquilibrage est très long, par exemple trois ans. Ainsi, le TAA peut capter les bénéfices lorsque le prix augmente ou diminue contrairement à la SAA, qui nous permet de parier uniquement sur la hausse. Ainsi, lorsque nous achetons un contrat de vente à découvert, nous ne parions que sur la baisse de l'action.

47

Il est peu fréquent de vendre directement à découvert une action. Habituellement, on utilisera un contrat sur différence (CFD) pour miser sur la baisse de l'action. **Rappel :** Nous n'avons pas accès au dividende avec le CFD.

Dans la figure 4.1, nous pouvons voir les flux financiers d'un contrat long (pari à la hausse) et d'un contrat short (pari à la baisse). P_1 est le flux financier au moment 1, lors de l'achat du contrat. Pour un contrat long, nous achetons l'action en P_1. Ainsi, le flux financier est moins le prix de l'action (sans frais de transaction), et lorsque nous fermons la position, nous avons le prix de l'action. P_2. Pour le contrat court, c'est exactement l'inverse. Lorsque nous achetons le contrat de vente, nous vendons un contrat long que nous ne possédons pas déjà mais avec l'obligation d'acheter l'action plus tard (dans notre exemple T_2). Ainsi, les avantages d'un contrat long sont P_2-P_1 et pour le contrat court P_1-P_2.

Figure 4.1 : Flux de trésorerie pour les contrats longs et courts

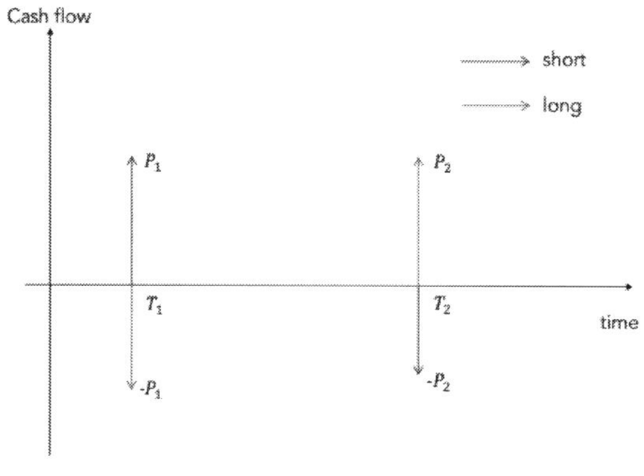

Cash flow

short
long

P_1 P_2

T_1 T_2 time

$-P_1$ $-P_2$

Cette figure montre le flux de trésorerie d'un contrat long et court de temps en temps. T_2 à temps T_2. Dans la figure, nous pouvons apprendre les calculs suivants, les avantages d'un contrat prolongé sont les suivants P_2-P_1 et pour le contrat court P_1-P_2.

4.1.2. Facteur de momentum

Au début d'une allocation d'actifs tactique, nous devons choisir un facteur de momentum. Il s'agit d'une valeur sur laquelle basée notre stratégie. Par exemple, dans la section suivante, nous allons créer un facteur de momentum avec l'autocorrélation de l'actif. Ce facteur est le pilier de la stratégie. En effet, si c'est un bon choix, nous pouvons faire des bénéfices, et si c'est un mauvais choix, nous perdrons de l'argent.

Nous devons comprendre que le facteur momentum peut être ce que nous voulons. Par exemple, nous pouvons créer un momentum en utilisant la croissance du taux d'intérêt, l'inflation du pays, le pourcentage de rendement sur les 12 derniers mois, etc.

Nous définissons un vecteur λ pour cette partie afin d'effectuer toutes les transformations nécessaires. Lorsque nous avons ce facteur, nous créons généralement un z-score, la normalisation du facteur. Nous allons mettre la formule d'un z-score pour mettre en évidence le processus.

$$z_{\lambda i} = \frac{\lambda i - \mu_\lambda}{\sigma_\lambda}$$

Où λi est une valeur du vecteur λ, μ_λ est la moyenne du vecteur λ et σ_λ est l'écart-type du vecteur λ.

 Dans cette situation, la normalisation des données n'est pas nécessaire. Cependant, c'est une bonne pratique à garder à l'esprit car elle transforme notre distribution en une moyenne de 0 et un écart-type de 1.

Lorsque nous avons notre vecteur de z-score, nous devons calculer la médiane du vecteur. Ensuite, nous prendrons une position longue pour tous les actifs dont le z-score est supérieur à la médiane et une position courte pour tous les actifs dont le z-score est inférieur à la médiane. (C'est notre stratégie, mais nous pouvons prendre le seuil que nous voulons).

4.1.3. Rééquilibrage

Le rééquilibrage d'un portefeuille TAA est une chose essentielle. En effet, c'est à ce moment que sont déterminées les pondérations de chaque actif du portefeuille. Dans les exemples suivants, nous utiliserons une allocation avec les mêmes poids pour tous les actifs afin de faciliter les choses. La dynamique de la stratégie sera uniquement le signe (positif si on est long et négatif si on est short).

 Habituellement, nous attribuons le même poids à chaque actif, puis nous combinons les portefeuilles SAA et TAA en suivant cette équation[4] $porfolio = \alpha * SAA + (1 - \alpha) * TAA$ avec $\alpha \in [0,1]$. Naturellement, les techniques avancées modifie le poids des actifs chaque mois, mais cela ne sera pas vu dans le livre.

Figure 4.2 : Répartition des pondérations du portefeuille TAA

Actif	Facebook	Netflix	Tesla
Poids	-33% / +33%	-33% / +33%	-33% / +33%

Les pondérations des actifs sont les mêmes, la seule différence est que le contrat peut être long ou short chaque mois. Donc, le poids -33% ou +33%.

4.2. Stratégie de moyenne mobile

Cette section explique comment calculer un portefeuille tactique basé sur une moyenne mobile dynamique. Nous expliquerons comment fonctionnent les moyennes mobiles et comment réaliser un portefeuille dynamique en utilisant un facteur de moyenne mobile.

---

[4] **Lecture supplémentaire** : Additional lecture :Tactical Asset Allocation (TAA), Adam BARONE

4.2.1. Moyenne mobile

Dans cette sous-section, nous allons calculer quelques moyennes mobiles pour créer le facteur momentum dans la deuxième partie. La moyenne mobile est l'indicateur technique le plus facile à comprendre. En effet, il s'agit d'une moyenne, mais au lieu de faire la moyenne sur tous les échantillons, nous allons créer un vecteur d'une moyenne des n derniers jours pour chaque jour sélectionné.

Elle nous permet d'avoir une meilleure compréhension du comportement des actions. Nous pouvons construire le vecteur de la moyenne mobile avec la formule suivante :

$$mv_i = \frac{1}{n} \sum_{\Delta=i-n}^{i} x_\Delta$$

Où mv_i est la moyenne mobile à l'indice i n est la fenêtre (le nombre de jours que vous voulez prendre pour faire la moyenne mobile), x est la valeur de l'actif.

Maintenant, nous allons calculer une moyenne mobile sur les trois actifs précédents pour une fenêtre de 15 jours avec ce code. De plus, nous allons afficher les résultats dans la figure 4.3.

Code 4.1 : Calcul de la moyenne mobile

```
data["SMA15 FB"] = data["FB"].rolling(15).mean().shift(1)

data["SMA15 NFLX"] = data["NFLX"].rolling(15).mean().shift(1)

data["SMA15 TSLA"] = data["TSLA"].rolling(15).mean().shift(1)
```

 Dans le code 4.1, il est nécessaire de mettre un décalage de 1. Si on ne le met pas, on va prévoir la valeur en t+15 en t+14 mais en utilisant les données de t+15. Nous expliquerons cela plus tard.

Figure 4.3 : Actifs avec leur moyenne mobile simple (SMA 15)

Date	FB	NFLX	TSLA	SMA 15 FB	SMA 15 NFLX	SMA 15 TSLA
06-11	27.01	9.00	5.82	29.84	9.63	5.89
06-12	27.40	9.00	5.93	29.01	9.56	5.91
06-13	27.27	8.97	5.95	28.65	9.48	5.93

La moyenne mobile est souvent utilisée pour comprendre la tendance de l'actif. La figure 4.4 montre le cours de l'action avec la SMA (moyenne mobile simple) à 15 périodes et la SMA à 60 périodes. Il est donc facile de comprendre les tendances à la hausse et à la baisse.

Figure 4.4 : Prix de l'action Facebook avec SMA 15 et SMA 60

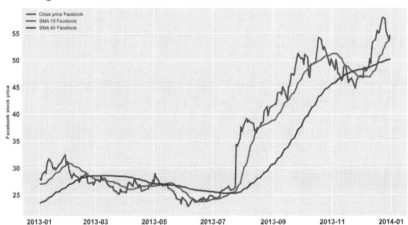

Cette figure montre le cours de l'action Facebook avec la SMA 15 et la SMA 60. Lorsque la tendance est à la hausse, on voit que la SMA rapide est au-dessus de la SMA lente et l'inverse lorsque la tendance est à la baisse.

4.2.2. Facteur de moyenne mobile

Dans cette sous-section, nous allons construire le facteur de moyenne mobile. En effet, nous allons utiliser la SMA sur trois mois et la SMA sur 12 mois de chaque action (Facebook, Netflix, Tesla) afin de créer un signal mensuel pour rééquilibrer notre portefeuille.

Nous utiliserons les mêmes échantillons que dans le chapitre précédent. Nous utiliserons 70 % des données pour créer la stratégie. Ensuite, nous la testerons sur l'ensemble de test (les 30% restants). La différence entre le chapitre précédent et celui-ci est que nous gardons le prix en valeur absolue et non en variations. Ainsi, nous pouvons calculer le facteur faisant la différence entre la petite et la longue SMA. De plus, nous calculons le z-score en normalisant le facteur. Nous pouvons voir comment le faire dans le code 4.2 et les résultats dans la figure 4.5.

Code 4.2 : Créer les z-scores

```
list_tickers = ["FB", "NFLX", "TSLA"]
# We do a loop to create the SMAs for each asset
for col in list_tickers:
    data[f"pct {col}"] = data[col].pct_change(1)
    data[f"SMA3 {col}"] = data[col].rolling(3).mean().shift(1)
    data[f"SMA12 {col}"] = data[col].rolling(12).mean().shift(1)
    data[f"Momentum factor {col}"] = data[f"SMA3 {col}"] - \
    data[f"SMA12 {col}"]


# Normalizing the zscore
split = int(0.7*len(data))
train_set = data.iloc[:split,:]
test_set = data.iloc[split:,:]


# Find the mean and std vectors
columns = [f"Momentum factor {col}" for col in list_tickers]
train_set_mean = train_set[columns].mean()
train_set_std = train_set[columns].std()


# Create the zscores
train_set[columns] = (train_set[columns]-train_set_mean)/
train_set_std
test_set[columns] = (test_set[columns]-train_set_mean)/
train_set_std 1


# Find the medians
median = train_set[columns].median()
```

1   Calcul des z-scores de l'ensemble de test en utilisant la moyenne et l'écart-type de l'ensemble de formation pour éviter les interférences

dans les données. En général, nous ne pouvons pas connaître la moyenne et l'écart-type de cet ensemble car il s'agit du futur.

Figure 4.5 : z-scores des actifs

Date	Momentum FB	Momentum NFLX	Momentum TSLA
06-01	-1.38	-0.36	0.16
07-01	-1.35	-0.39	0.68
08-01	-1.10	-0.42	1.23

Dans cette figure, nous pouvons voir le facteur momentum z-score pour chaque actif du portefeuille (Facebook, Netflix et Tesla).

4.2.3. Construire la stratégie

Cette sous-section va nous montrer comment construire la stratégie du portefeuille tactique en utilisant le facteur de moyenne mobile. Nous le ferons en utilisant les z-scores calculés précédemment.

Tout d'abord, nous devons calculer le signal de chaque actif si nous prenons une position longue ou short dans le mois à venir. Supposons que la médiane du z-score soit inférieure au z-score du mois. Dans ce cas, nous prenons une position short le mois suivant, et si la médiane du z-score est supérieure, nous prenons une position longue sur l'actif.

Code 4.3 : Calcul du signal et du profit pour la stratégie SMA

```
# Compute the signals and the profits
for i in range(len(columns)): 1


  # Initialize a new column for the signal
  test_set[f"signal {columns[i]}"] = 0 2


  # Signal is -1 if factor < median
  test_set.loc[test_set[f"{columns[i]}"]<median[i],
          f"signal {columns[i]}"] = -1


  # Signal is 1 if factor > median
  test_set.loc[test_set[f"{columns[i]}"]>median[i],
```

```
            f"signal {columns[i]}"] = 1
```

```
  # Compute the profit
  test_set[f"profit {columns[i]}"] = (test_set[f"signal
{columns[i]}"].shift(1)) * test_set[f"pct {list_tickers[i]}"] 3
```

1   Boucle pour calculer le signal et le profit pour chaque actif.

2   Création d'une nouvelle colonne pour le signal.

3   Ajoutez un décalage au signal car le signal nous signale la décision d'aujourd'hui et par conséquent vous ne connaitrez les profits de cette action que le mois suivant. Si nous prenons $signal_t * return_t$ nous aurons d'excellents résultats mais faux.

Si nous ne nous décalons pas le signal, nous ferons un profit massif car nous prédirons le passé avec le futur, et non l'inverse. Maintenant, voyons dans la figure 4.6 les résultats de cette stratégie.

Figure 4.6 : Rendement cumulé de la stratégie de portefeuille tactique

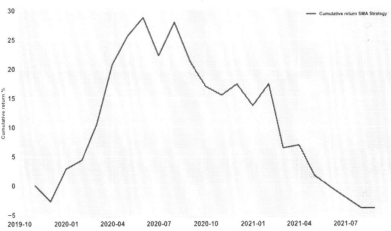

Ce chiffre montre que cette stratégie n'est pas très rentable à long terme. Sur la période, nous avons un drawdown d'environ 30% pour un rendement de -3%.

4.3. Stratégie de suivi de tendance

Cette section met en évidence une application de la stratégie de suivi de tendance. Tout d'abord, nous devons expliquer la corrélation statistique de Pearson. Ensuite, nous trouverons le meilleur actif pour cette stratégie. Enfin, nous créerons une stratégie avec notre facteur de suivi de tendance.

4.3.1. Corrélation

Cette section va expliquer en détail comment fonctionne la corrélation et pourquoi elle est essentielle dans cette stratégie. En effet, la corrélation va nous permettre de comprendre s'il existe une relation entre les deux séries temporelles.

La corrélation est un outil essentiel en finance. Elle nous permet de comprendre la relation entre les actifs. Cependant, beaucoup de personnes l'utilisent à tort et à travers. C'est pourquoi nous avons une partie entière consacrée à cette notion.

Il existe de nombreux types de corrélation, mais la corrélation de Pearson est la plus utile. Elle calcule la corrélation linéaire entre les séries temporelles x et y avec cette formule :

$$\rho_{x,y} = \frac{\sum(x_i - \bar{x})(y_i - \bar{y})}{\sqrt{\sum(x_i - \bar{x})^2 \sum(y_i - \bar{y})^2}}$$

Où x_i est une observation de la série temporelle x , y_i est une observation de la série temporelle y. $\bar{x}$ et $\bar{y}$ sont respectivement les moyenne des séries temporelles x et y.

En termes simples, la corrélation rend compte de la manière dont les valeurs des deux séries temporelles varient par rapport à leurs moyennes. Si les valeurs des séries temporelles x et y sont inférieures à leur moyenne ou supérieures simultanément et fréquemment, elles sont corrélées.

Il est généralement bon de prendre le temps d'analyser un peu cette équation. En effet, comme on peut le voir, cette formule calcule la distance entre la moyenne et l'observation. Ainsi, comme de nombreux actifs ont une tendance à la hausse, la corrélation entre le prix absolu de l'actif est positive. Cependant, la tendance ne représente pas les variations (ce qui nous intéresse vraiment). Pour résoudre ce problème, nous devons calculer la corrélation sur le pourcentage de variation de l'actif. Voyons quelques exemples pour être sûrs que la notion est bien comprise.

Dans la figure 4.7, nous pouvons voir la différence de valeur entre la corrélation en valeur absolue et la corrélation en pourcentage de variation.

Figure 4.7 : Corrélation entre la valeur absolue et le pourcentage de rendement

Corrélation en valeur absolue

	Facebook	Netflix	Tesla
Facebook	1		
Netflix	0.94	1	
Tesla	0.76	0.74	1

Corrélation du pourcentage de variation

	Facebook	Netflix	Tesla
Facebook	1		
Netflix	0.31	1	
Tesla	0.29	0.19	1

Nous pouvons voir que la différence entre la valeur absolue et le pourcentage de variation de la corrélation est énorme. Certaines cases sont vides car la matrice est symétrique, ce qui signifie que la corrélation entre Facebook et Netflix est similaire à la corrélation entre Netflix et Facebook.

Maintenant, voyons comment interpréter la corrélation de Pearson :

- **-1 < corr < 0** : Il existe une corrélation négative entre les deux actifs. Cela signifie que si le premier augmente, le second a plus de chance de diminuer. Plus la corrélation de Pearson est proche de -1 plus la chance de diminuer est élevée.

- **Corr = 0** : Il n'y a pas de corrélation. Cela signifie que si l'un augmente ou diminue, nous ne pouvons rien dire du comportement de l'autre actif.

- **0 < corr < 1** : Il existe une corrélation positive entre les deux actifs. Cela signifie que si le premier augmente, le second a plus de chance d'augmenter. Plus la corrélation de Pearson est proche de 1 plus, la probabilité d'augmenter est élevée.

Si les actifs ont une forte corrélation, ils vont souvent varier dans la même direction, mais **pas nécessairement avec la même intensité.**

4.3.2. Facteur de suivi de la tendance

Dans cette sous-section, nous devons changer un peu les actifs. Vous vous demandez probablement pourquoi, pour cette dernière stratégie, nous devons plutôt changer l'actif. Nous avons dit que nous prenons intentionnellement les mêmes actifs pour comparer la stratégie à celles du chapitre suivant. C'est vrai, mais cette stratégie a un processus différent des autres.

Cette stratégie utilise les 12 rendements du mois dernier pour créer un facteur de décision d'investissement. De plus, la position est rééquilibrée chaque mois. Cependant, pour trouver le meilleur actif, nous devons utiliser la corrélation sur de nombreux actifs pour trouver les meilleurs. Ainsi, naturellement, les meilleurs actifs ne sont pas les mêmes que les précédents.

Pour trouver les meilleurs actifs, nous prenons dix actifs, mais nous pouvons en prendre plus pour avoir un meilleur choix. En outre, nous calculons l'autocorrélation entre les 12 dernier mois et ceux du mois suivant pour trouver le meilleur actif pour la stratégie sur le jeu d'entrainement. Cela signifie que nous recherchons les actifs ayant la meilleure corrélation entre la période de détention et la période de maintien (vous pouvez également trouver la meilleure période de retour et de maintien avec cette technique).

Code 4.4 : Meilleure sélection d'actifs

```python
# Compute the lookback and hold period
for col in list_:
    data[f"pct+1 {col}"] = data[f"{col}"].pct_change(-1)  1
    data[f"pct-12 {col}"] = data[f"{col}"].pct_change(12)  2


# Normalizing the zscore
split = int(0.7*len(data))
train_set = data.iloc[:split,:]
test_set = data.iloc[split:,:]



# Compute the correlation
corr = []
for col in list_:
    cor = train_set[[f"pct-12 {col}", f"pct+1
{col}"]].corr().values[0][1]


    corr.append(cor)
correlation = pd.DataFrame(corr, index=list_, columns=["Corr"])  3
correlation.sort_values(by="Corr", ascending=False)
```

1   Calcul du rendement de la période de détention (1 mois).

2   Calcul du rendement de la période de maintien (12 mois).

3   List_ est une liste contenant tous les actifs que nous voulons tester pour la stratégie.

Figure 4.8 : Classement des actifs avec la plus forte autocorrélation

Actif	INTC	GOOG	PYPL	TSLA	FB	NFLX
Corr	0.29	0.24	0.19	0.17	0.09	0.07

Cette figure montre la corrélation entre la période de maintien et la période de détention pour les trois meilleurs actifs et les précédents.

Maintenant, nous avons trois actifs (Intel, Google et PayPal) pour calculer une stratégie. Tout d'abord, nous devons calculer le z-score pour trouver le signal d'investissement. Nous disposons maintenant de trois actifs pour calculer une stratégie. Nous devons calculer le z-score pour trouver l'investissement du signal. Ensuite, comme précédemment, nous prendrons une position courte si le s-score est inférieur à la médiane et une position longue si le z-score est supérieur à la médiane.

Code 4.5 : Créer les z-scores

```
best = ["PYPL", "INTC", "GOOG"]


# Find the mean and std vectors
columns = [f"pct-12 {col}" for col in best]
train_set_mean = train_set[columns].mean()
train_set_std = train_set[columns].std()


# Create the zscores
train_set[columns] = (train_set[columns] - train_set_mean) /
train_set_std
test_set[columns] = (test_set[columns] - train_set_mean) /
train_set_std


# Find the medians
median = train_set[columns].median()
```

4.3.3. Calculer la stratégie

Dans cette partie, nous allons calculer la stratégie. Pour le faire, il s'agit précisément du même code que pour la stratégie de moyenne mobile. Maintenant, voyons dans la figure 4.9 les résultats de cette stratégie.

Contrairement à la stratégie SMA après la crise de Corona, nous pouvons constater une diminution du rendement cumulé. Cela peut s'expliquer par le fait que la crise induit en erreur les rendements des 12 derniers mois.

Figure 4.9 : Performance de la stratégie de rendements tendanciels

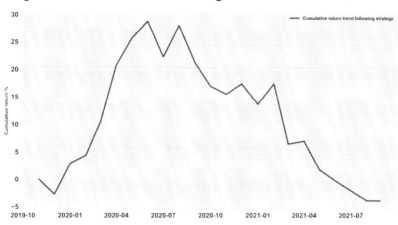

Dans cette figure, nous pouvons voir le bénéfice de la stratégie de retour de tendance.

Résumé

- Une position courte nous permet de parier sur la baisse d'une action.

- Les stratégies de portefeuille tactiques sont un excellent moyen de tirer profit des hausses et des baisses du marché.

- Le portefeuille TAA est utile pour corriger les imperfections du SAA. Il faut donc combiner les deux pour avoir un bon portefeuille.

- La moyenne mobile est un excellent moyen d'obtenir une moyenne plus significative.

- La corrélation est un excellent moyen de comprendre la relation entre deux actions de comportement.

Chapitre 5 : Gestion du risque et backtest

Dans ce chapitre, nous allons backtester certaines stratégies d'investissement antérieures à l'aide de métriques de gestion des risques et d'autres indicateurs. Nous commencerons par les métriques de backtest les plus connues comme le bêta, l'alpha, le ratio de Sharpe, le ratio de Sortino et le drawdown. Ensuite, nous expliquerons comment effectuer une analyse du risque à l'aide de la VaR, de la cVaR et des contributions au risque. Enfin, nous automatiserons cette analyse pour l'appliquer dans vos propres projets.

5.1. Les indicateur de backtest

Cette section abordera les métriques CPAM pour comprendre la relation entre notre stratégie et le marché. Ensuite, nous calculerons le drawdown de nos stratégies pour comprendre combien de temps nous perdons de l'argent sur la période où nous suivons une stratégie.

5.1.1. Les indicateurs CAPM

Tout d'abord, nous allons parler des métriques du CAPM[5] . En effet, le CAPM est le modèle le plus célèbre pour la gestion de portefeuille et nous donne des métriques intéressantes : le bêta et l'alpha.

La mesure du bêta d'une action met en évidence la relation entre le marché représenté par un indice boursier comme le S&P 500 et le portefeuille. Par exemple, un bêta de 1,15 implique que si le marché a une variation de 1%, le portefeuille varie de 1,15%. Il peut être considéré comme une mesure du risque systémique du portefeuille. Il est calculé à l'aide de la formule suivante :

$$\beta_s = \frac{Cov(r_s, r_m)}{Var(r_m)}$$

---

[5] **Lecture supplémentaire** : https://en.wikipedia.org/wiki/Capital_asset_pricing_model

r_s est le rendement de l'actif et r_m est le rendement de l'indice du marché.

Lorsque nous calculerons le bêta, vous serez dans l'une de ces situations :

- $\beta_s < 1$: Cela signifie que le portefeuille est moins volatil que le marché, ce qui est une bonne chose car il ne présente pas de risque systémique important.

- $\beta_s = 1$: Le portefeuille évolue dans la même proportion que le marché. Supposons que le marché évolue vers 1%, et que le portefeuille évolue vers 1%.

- $\beta_s > 1$: Le portefeuille est plus volatil que le marché et présente un risque systémique important.

Maintenant, créons une fonction pour calculer le bêta d'un portefeuille. (Dans cet exemple, l'indice de référence sera le S&P 500 et son symbole Yahoo est "^GSPC").

Code 5.1 : fonction du rapport bêta

```
def beta_function(portefeuille, ben = "^GSPC"): 1
    """

    --------------------------------------------------------------------

    | Sortie : Métrique du Beta CAPM |

    --------------------------------------------------------------------

    | Entrées : - portefeuille (type dataframe pandas) : Rendement du portefeuille

    |

        | - ben (type chaîne de caractères) : Nom du benchmark |

    --------------------------------------------------------------------

    """


    # Importer le benchmark
    benchmark = yf.download(ben)["Adj Close"].pct_change(1).dropna()


    # Concaténer l'actif et le benchmark
    join = pd.concat((portfolio, benchmark), axis=1).dropna() 2


    # Covariance entre l'actif et l'indice de référence
    cov = np.cov(join, rowvar=False)[0][1] 3
```

```
# Calculer la variance du benchmark
var = np.cov(join, rowvar=False)[1][1]


retourner cov/var
```

1 Le paramètre par défaut pour l'indice de référence est le S&P 500 (^GSPC), mais nous pouvons mettre l'actif de notre choix.

2 Création dataframe avec les rendements de la stratégie et de l'indice de référence pour supprimer les jours qui ne sont pas dans les deux séries en même temps.

3 Il est essentiel de spécifier *rowvar=False* car, sans cela, python considérera que chaque ligne représente une série temporelle au lieu de chaque colonne. Ainsi, si nous ne définissons pas ce paramètre, nous aurons un mauvais résultat .

 Nous avons calculé la variance de référence en utilisant la matrice de covariance car les valeurs diagonales représentent la variance des actifs.

Avec cette fonction, nous avons obtenu un bêta de 1,08 pour le portefeuille en utilisant le critère de moyenne-variance. Cela signifie que lorsque le marché (S&P 500) varie de 1%, le portefeuille varie de 1,08%.

Parlons maintenant de la métrique de l'alpha. Elle nous permet de comprendre si un portefeuille surperforme ou sous-performe l'indice de référence. Par exemple, supposons que nous ayons un portefeuille avec un alpha de 0,0115. Dans ce cas, le portefeuille surperforme l'indice de référence de 1,15 %, compte tenu des rendements et du risque du portefeuille. Il peut être calculé à l'aide de la formule suivante :

$$\alpha_s = E[r_s] - r_f - \beta_s(E[r_m] - r_f)$$

Où $E[r_s]$ est la moyenne du rendement de l'actif et $E[r_m]$ est le rendement de l'indice du marché, r_f le rendement de l'actif sans risque et β_s le bêta de l'actif.

Lorsque nous calculons une moyenne de rendement, la volatilité, le ratio de Sharpe, etc. nous devons annualiser les valeurs (toujours). Parce que si nous voulons comparer certaines stratégies avec différents horizons temporels, cela peut être très difficile.

L'actif sans risque est très proche de 0%, voire négatif dans certaines situations. Il est donc préférable de le fixer à 0% pour faciliter le calcul et la compréhension.

Lorsque nous calculons l'alpha, nous nous trouvons dans l'une de ces situations :

- $\alpha_s < 0$: Cela signifie que le portefeuille sous-performe l'indice de référence. Ce n'est pas une bonne chose car l'investissement aurait été meilleur si nous avions simplement acheté l'indice de référence.

- $\alpha_s = 0$: Cela signifie que le portefeuille ne sous-performe ni ne surperforme l'indice de référence, ce n'est pas bon car cela signifie que si nous avions simplement acheté l'indice de référence, le couple risque-rendement serait le même.

- $\alpha_s > 0$: Cela signifie que le portefeuille surpasse l'indice de référence, et c'est une bonne chose. Cela signifie que nous avons eu un meilleur investissement que le benchmark.

Code 5.2 : fonction du rapport alpha

```
def alpha_function(portefeuille, ben = "^GSPC", timeframe= 252) :
    """
    -------------------------------------------------------------------------
    | Sortie : Métrique Alpha CAPM |
    -------------------------------------------------------------------------
    | Entrées : - portefeuille (type dataframe pandas) : Les rendements du
    portefeuille |
```

```
| - ben (type chaîne de caractères) : Nom du benchmark |
| - timeframe (type int) : facteur d'annualisation |
--------------------------------------------------------------------------
" " "


# Import the benchmark
benchmark = yf.download(ben)["Adj Close"].pct_change(1).dropna()


# Concat the asset and the benchmark
join = pd.concat((portfolio, benchmark), axis=1).dropna()


# Compute the beta
beta = beta_function(portfolio_return_MV, ben=ben)
```

```
mean_stock_return = join.iloc[:,0].mean()*timeframe
mean_market_return = join.iloc[:,1].mean()*timeframe
return mean_stock_return - beta*mean_market_return
```

1   Utilisation de la fonction beta_function créée précédemment pour calculer le beta.

Nous avons défini un nouveau paramètre nommé timeframe pour nous permettre de gérer l'annualisation des données. En effet, nous ne pouvons pas multiplier par le même facteur si nous avons des retours mensuels ou quotidiens. Ici, l'horizon temporel est 252 car il y a des rendements quotidiens.

Nous avons obtenu un alpha de 35% pour le portefeuille en utilisant le critère moyenne-variance avec cette fonction. Cela signifie que lorsque le portefeuille surperforme de 35%, le benchmark.

5.1.2. Sharpe et Sortino

Dans cette partie, nous allons aborder certaines métriques que nous avons déjà vues. En effet, ces métriques sont utilisées dans le chapitre 3 : les ratios de Sharpe et de Sortino. Cependant, nous allons approfondir le sujet.

Parlons du ratio de Sharpe. Cette métrique est très utilisée en finance; comme nous l'avons dit précédemment, elle nous permet de comprendre les bénéfices additionnels de 1% de risque supplémentaire.

$$Sharpe = \frac{\mu - r_f}{\sigma}$$

Où μ est la moyenne des rendements du portefeuille (annualisée), σ est la volatilité des rendements du portefeuille (annualisée) et r_f est l'actif sans risque (nous mettons 0 pour l'actif sans risque car il se situe en fait autour de cette valeur).

 Pour annualiser la volatilité, nous devons multiplier la volatilité par la racine carrée du facteur d'annualisation. Par exemple, si nous voulons annualiser la volatilité quotidienne, nous faisons $\sigma_{daily} * \sqrt{252}$.

Lorsque nous calculons le ratio de Sharpe, nous nous trouvons dans l'une de ces situations :

- **sharpe < 0** : Ce n'est pas un bon investissement. Nous avons pris des risques, mais nous avons un rendement attendu négatif sur notre portefeuille.

- **0 < sharpe < 1** : C'est un bon investissement. Nous avons un rendement attendu positif, mais le risque que nous prenons est plus élevé que le rendement.
- **sharpe > 1** : C'est un excellent investissement. Nous avons un rendement attendu positif mais avec une importance sans risque que les rendements.

Code 5.3 : Fonction du ratio de Sharpe

```python
def sharpe_function(portefeuille, timeframe= 252) :
    """

    -----------------------------------------------------------------

    | Sortie : Métrique du ratio de Sharpe |

    -----------------------------------------------------------------

    | Entrées : - portefeuille (type dataframe pandas) : Les rendements du
    portefeuille |

    | - timeframe (type int) : facteur d'annualisation |

    -----------------------------------------------------------------

    """
    mean = portfolio.mean() * timeframe
    std = portfolio.std() * np.sqrt(timeframe)


    return mean/std
```

En utilisant le critère de moyenne-variance avec cette fonction, nous avons obtenu un ratio de Sharpe de 1,37 pour le portefeuille. Il s'agit d'un portefeuille exceptionnel car 1% de risque supplémentaire donne 1,37% de rendement.

Parlons maintenant du ratio de Sortino. Le ratio de Sortino est une excellente métrique car il est dérivé du ratio de Sharpe, qui ne prend en compte que la volatilité à la baisse. Il nous permet donc de comprendre les bénéfices supplémentaires pour 1% de risque faible en plus. Nous pouvons calculer le ratio de Sortino avec la formule suivante :

$$Sortino = \frac{\mu - r_f}{\sigma_{downward}}$$

Où μ est la moyenne des rendements du portefeuille (annualisée), $\sigma_{downward}$ est la volatilité à la baisse des rendements du portefeuille (annualisée), et r_f est l'actif sans risque (nous mettons 0 pour l'actif sans risque car il se situe en fait autour de cette valeur).

Le ratio de Sortino peut être meilleur que le ratio de Sharpe car il n'est sensible qu'à la volatilité à la baisse. Il est donc plus représentatif de ce que souhaite l'investisseur.

69

Lorsque nous calculons le ratio de Sortino, nous nous trouvons dans l'une de ces situations :

- ***sortino* < 0** : Ce n'est pas un bon investissement. Nous avons pris un risque de baisse, mais nous avons un rendement attendu négatif sur notre portefeuille.
- **0 < *sortino* < 1** : C'est un bon investissement. Nous avons un rendement attendu positif, mais le risque de baisse que nous prenons est supérieur au rendement.
- ***sortino* > 1** : C'est un excellent investissement. Nous avons un rendement attendu positif mais un risque à la baisse moins important que le rendement.

 La seule différence entre les ratios de Sharpe et de Sortino est la manière de calculer le risque. L'un choisit la volatilité et l'autre la volatilité à la baisse.

Code 5.4 : Fonction du ratio de Sortino

```
def sortino_function(portefeuille, timeframe= 252) :
    """
    ---------------------------------------------------------------------------
    | Sortie : Métrique du ratio de Sortino |
    ---------------------------------------------------------------------------
    | Entrées : - portefeuille (type dataframe pandas) : Les rendements du
portefeuille |
    | - timeframe (type int) : facteur d'annualisation |
    ---------------------------------------------------------------------------
    """

    # Take downward values
    portfolio = portfolio.values
    downward = portfolio[portfolio<0]


    mean = portfolio.mean() * timeframe
    std = downward.std() * np.sqrt(timeframe)


    return mean/std
```

Avec cette fonction, nous avons obtenu un ratio de Sortino de 1,87 pour le portefeuille en utilisant le critère moyenne-variance. C'est un excellent portefeuille, et 1% de risque supplémentaire à la baisse donne 1,87% de rendement.

5.1.3. Drawdown

Dans cette partie, nous allons parler du drawdown. Il s'agit de l'une des meilleures métriques pour un backtest. En effet, elle nous permet de comprendre la perte latente que nous subissons. Il nous donne la perte la plus importante si nous entrons en position au pire moment de cette période. Maintenant, cela peut être compliqué à comprendre, mais c'est une chose simple. Voyons voir. Tout d'abord, nous devons expliquer la formule permettant de calculer le drawdown:

$$\delta_i = \frac{\varphi_i}{\phi_i} - 1$$

Où δ_i est le drawdown au moment i, φ_i le rendement cumulé du produit au moment i et ϕ_i est le maximum courant à ce moment-là i pour i dans *[date de début du portefeuille : date de fin du portefeuille]*.

Code 5.5 : fonction du vecteur drawdown

```
def drawdown_function(portefeuille) :
    """

    -----------------------------------------------------------------------

    | Sortie : Drawdown |

    -----------------------------------------------------------------------

    | Entrées : - portefeuille (type dataframe pandas) : Les rendements du
portefeuille |

    -----------------------------------------------------------------------

    """
    # Compute the cumulative product returns
    cum_rets = (portfolio+1).cumprod()1


    # Compute the running max
    running_max = np.maximum.accumulate(cum_rets.dropna())2
```

```
running_max[running_max < 1] = 1

# Compute the drawdown
drawdown = ((cum_rets)/running_max - 1)3

return drawdown
```

1 Calcul du rendement cumulé en utilisant les intérêts composés (vous pouvez lire l'annexe à ce sujet) car il est plus sensible aux pertes.

2 Calcul de la valeur max cumulée.

3 Calculer le drawdown qui est le rapport entre le rendement cumulé et le maximum cumulé.

Ensuite, nous pouvons calculer le drawdown du portefeuille moyenne-variance. Nous pouvons afficher le drawdown du portefeuille dans la figure 5.1.

Figure 5.1 : Drawdown du portefeuille moyenne-variance

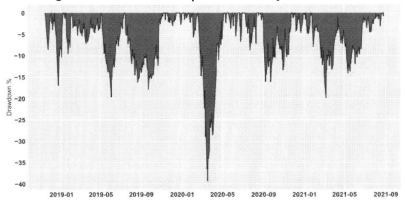

Cette figure montre le drawdown du portefeuille moyenne-variance calculé dans le chapitre 3 de ce livre.

Comme on peut le voir, le drawdown maximum est d'environ 40% pendant la crise de Corona. Cela s'explique par le fait qu'il s'agit d'une stratégie à long terme. En dehors de cette période, le drawdown est d'environ 15%. Cela signifie que si nous entrons en position avec ce portefeuille juste avant la crise, nous avons perdu 40% de notre capital en 1 mois. Cependant, après Mai, nous avons retrouvé notre capital à 100%.

Nous pouvons calculer le rendement cumulé du portefeuille en utilisant la somme cumulative ou la somme du produit. La somme cumulative est utilisée pour la stratégie de lot fixe et le produit cumulatif pour la stratégie de lot dinamique.

5.2. Mesures de la gestion des risques

Dans cette section, nous allons parler des métriques de gestion des risques. Nous verrons la métrique de gestion des risques la plus connue, la valeur à risque (VaR). Nous verrons ensuite un dérivé de cette métrique: la valeur à risque conditionnelle (cVaR). De plus, nous apprendrons à calculer la contribution au risque de chaque actif du portefeuille.

5.2.1. Valeur à risque (VaR)

Dans cette sous-section, nous abordons la valeur à risque (VaR). Il s'agit d'une excellente métrique du risque. En effet, elle nous permet de comprendre combien nous perdons dans le pire des cas, en considérant un seuil d'erreur. Tout d'abord, voyons une formule pour calculer la VaR (il en existe plusieurs, et nous n'en verrons qu'une).

$$VaR_\theta = \mu + \sigma\,\phi^{-1}(\theta)$$

Où μ est le rendement du portefeuille, σ la volatilité du portefeuille, θ le seuil d'erreur et ϕ la CDF de N(0,1).

La VaR dépend de l'horizon temporel que nous utilisons. Nous aurons une perte quotidienne plus importante si nous utilisons la distribution des rendements quotidiens. Donc, si nous voulons calculé la pire perte annuelle, nous devons annualiser les rendements et la volatilité avant.

La réflexion avec l'inverse de la fonction CDF est un peu plus compliquée. Nous pouvons expliquer le concept plus facilement dans la figure 5.2.

Figure 5.2 : Explication de la VaR

L'objectif de la VaR est de trouver la valeur qui a (1-θ)% des valeurs qui lui sont supérieures. Par exemple, si le thêta est égal à 5%, la VaR est la valeur avec 95% des rendements ordonnés au-dessus d'elle.

Code 5.6 : Fonction VaR

```python
def VaR_function(theta, mu, sigma) :
    """
    ----------------------------------------------------------------
    | Sortie : VaR |
    ----------------------------------------------------------------
    | Entrées : - theta (type float) : % du seuil d'erreur |
    | - mu (type float) : rendement attendu du portefeuille |
    | - sigma (type float) : volatilité du portefeuille |
    ----------------------------------------------------------------
    """
    # Number of simulations
    n = 100000

    # Find the values for theta% error threshold
    t = int(n*theta)

    # Create a vector with n simulations of the normal law
    vec = pd.DataFrame(np.random.normal(mu, sigma, size=(n,)),
```

```
                    columns = ["Simulations"])


    # Orderer the values and find the theta% value

    var = vec.sort_values(by="Simulations").iloc[t].values[0]


    return var
```

 Pour faciliter le calcul de la VaR, nous avons utilisé la loi des grands nombres. En effet, pour trouver la valeur de θ nous avons effectué 100 000 simulations de N (μ, σ) et nous prenons la valeur θ du vecteur ordonné.

En utilisant cette fonction, nous pouvons trouver la VaR pour le portefeuille moyenne-variance. En effet, pour ce portefeuille, nous avons trouvé une VaR de 3.87% pour un jour, 13.61% pour un mois, et 7.02% pour une année. Cela signifie que dans les 5% du pire cas, nous pouvons perdre plus de 3.87% par jour, 13.61% par mois, et 7.02% par an avec cette stratégie.

La Var est une métrique intéressante. Cependant, elle ne tient pas compte de l'extrémité (qu'elle soit importante ou non) des valeurs inférieures à la VaR. Pour ce faire, nous devons calculer la cVaR.

5.2.2. Valeur conditionnelle à risque (cVaR)

Cette sous-section traite de la valeur à risque conditionnelle (cVaR[6]). Il s'agit d'un dérivé de la VaR. En effet, cette métrique est dans le même esprit que la VaR mais prend en compte les valeurs extrêmes, contrairement à la VaR ordinaire.

En effet, la cVaR fait une moyenne de chaque valeur inférieure à la VaR. Ainsi, s'il existe des valeurs extrêmes, elles seront prises en compte. Plaçons la formule de la cVaR devant un schéma dans la figure 5.3 pour une meilleure compréhension :

---

[6] **Conférence supplémentaire :** Optimisation de la valeur à risque conditionnelle, R. Tyrrell Rockafellar

$$cVaR_\theta = \mu + \sigma\,\frac{\varphi(\phi^{-1}(\theta))}{1-\theta}$$

Où μ est le rendement du portefeuille, σ la volatilité du portefeuille, θ le seuil d'erreur, φ la PDF (Partial Distribution Function) de N(0,1) et ϕ la CDF (Cumulative Distribution Function) de N(0,1).

Figure 5.3 : explication de cVaR

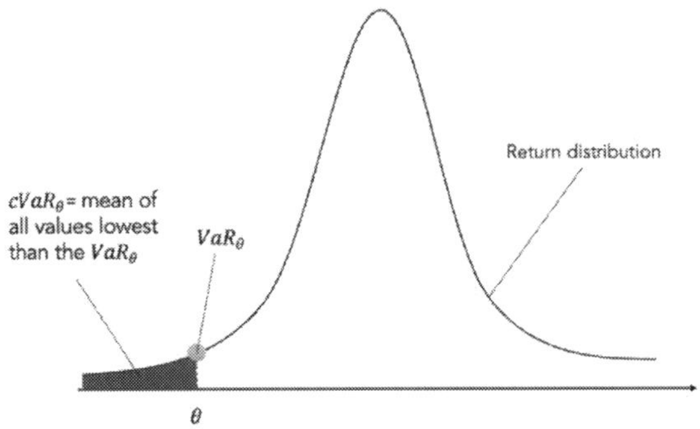

Dans cette figure, nous pouvons voir comment calculer la cVaR. En effet, il s'agit de la moyenne des valeurs inférieures à la VaR.

Code 5.7 : Fonction pour cVaR

```
def cVaR_function(theta, mu, sigma) :

"""

    --------------------------------------------------------------------

    | Sortie : cVaR |

    --------------------------------------------------------------------

    | Entrées : - theta (type float) : % du seuil d'erreur |

    | - mu (type float) : rendement attendu du portefeuille |

    | - sigma (type float) : volatilité du portefeuille |

    --------------------------------------------------------------------

"""

    # Number of simulations
    n = 100000

    # Find the values for theta% error threshold
    t = int(n*theta)

    # Create a vector with n simulations of the normal law
```

```
vec = pd.DataFrame(np.random.normal(mu, sigma, size=(n,)),
                   columns = ["Simulations"])


# Orderer the values and find the theta% value
cvar =vec.sort_values(by="Simulations").iloc[0:t,:].mean().
values[0]


return cvar
```

En utilisant cette fonction, nous pouvons trouver la cVaR pour le portefeuille moyenne-variance. En effet, pour ce portefeuille, nous avons trouvé un cVaR de 4.87% pour un jour, 18.28% pour un mois, et 24.20% pour une année. Cela signifie que dans les 5% du pire cas, nous pouvons perdre plus de 4.87% par jour, 18.28% par mois, et 24.20% par an avec cette stratégie.

 J'utilise la cVaR. Elle est très intéressante car elle prend en compte les pertes d'argent significatives en dessous de la VaR.

5.2.3. Contribution au risque

La contribution au risque est une métrique intéressante car elle nous permet de comprendre le pourcentage de risque de chaque actif. En effet, cette métrique nous permet de savoir quel actif ajoute le plus de risque au portefeuille.

Pour calculer la contribution au risque, nous devons connaître le bêta des actifs et le poids de chaque actif dans le portefeuille. Voyons comment calculer avec la formule :

$$\lambda_i = \beta_i * \omega_i$$

Où λ_i est la contribution au risque de chaque actif, β_i est le bêta de l'actif et ω_i est le poids de l'actif i dans le portefeuille.

Pour calculer le pourcentage de chaque actif à risque dans le portefeuille, nous devons diviser la valeur de λ_i par la somme $(\sum \lambda_i)$ pour avoir une base de 100%.

Code 5.8 : Fonction de contribution au risque

```
def CR_function(weights,database, ben="^GSPC") :

    """-------------------------------------------------------------------------

    | Sortie : Métrique du risque de contribution |

    -------------------------------------------------------------------------

    | Entrées : - weights (type 1d array numpy) : poids du portefeuille |

    | - base de données (type dataframe pandas) : Rendements de l'actif |

    | - ben (type chaîne de caractères) : Nom du benchmark |

    -------------------------------------------------------------------------

    """

    # Find the number of the asset in the portfolio
    l = len(weights)


    # Compute the risk contribution of each asset
    crs = []
    for i in range(l):
      cr = beta_function(data.iloc[:,i]) * weights[i]
      crs.append(cr)


    return crs/np.sum(crs) # Normalizing by the sum of the risk
contribution
```

En utilisant cette fonction, nous pouvons trouver la contribution au risque de chaque actif. En effet, Facebook représente 31,04% du risque du portefeuille, Netflix 30,61%, et Tesla 38,34%. Nous pouvons également représenter ces valeurs dans un graphique comme dans la figure 5.4.

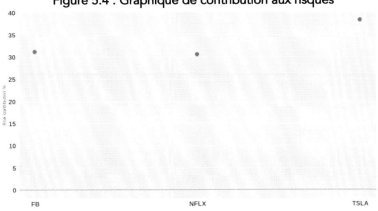

Figure 5.4 : Graphique de contribution aux risques

Dans cette figure, nous pouvons voir la contribution de chaque actif au risque du portefeuille.

Maintenant, nous avons les métriques nécessaires pour backtester une stratégie. Dans la section suivante, nous allons créer une fonction qui s'appliquera facilement à chaque stratégie.

5.3. Automatiser l'analyse

Cette section va créer une fonction de backtesting, pour backtester facilement les stratégies que l'on a vu jusque maintenant.

5.3.1. Créer une fonction

Dans cette sous-section, nous allons reprendre les sections 5.1 et 5.2 pour créer une fonction, qui sera utilisée dans le prochain chapitre. Voyons le code et expliquons quelques détails.

Code 5.9 : Fonction pour le backtesting

```
def    backtest(weights,    database,    ben="^GSPC",    timeframe=252,
CR=False) :
    """

    -----------------------------------------------------------------------

    | Sortie : Backtest |
```

79

```
-------------------------------------------------------------------------------
| Entrées : - weights (type 1d array numpy) : poids du portefeuille |
| - base de données (type dataframe pandas) : Rendements de l'actif |
| - ben (type chaîne de caractères) : Nom du benchmark |
| - timeframe (type int) : facteur d'annualisation |
-------------------------------------------------------------------------------
"""

# Compute the portfolio
portfolio = np.multiply(database,np.transpose(weights))
portfolio = portfolio.sum(axis=1)
columns = database.columns
columns = [col for col in columns]


##################### COMPUTE THE BETA ########################
# Import the benchmark
benchmark = yf.download(ben)["Adj Close"].pct_change(1).dropna()


# Concat the asset and the benchmark
join = pd.concat((portfolio, benchmark), axis=1).dropna()


# Covariance between the asset and the benchmark
cov = np.cov(join, rowvar=False)[0][1]


# Compute the variance of the benchmark
var = np.cov(join, rowvar=False)[1][1]


beta = cov/var



##################### COMPUTE THE ALPHA ########################
# Mean of returns for the asset
mean_stock_return = join.iloc[:,0].mean()*timeframe


# Mean of returns for the market
mean_market_return = join.iloc[:,1].mean()*timeframe


# Alpha
alpha = mean_stock_return - beta*mean_market_return
```

```python
#################### COMPUTE THE SHARPE ####################
mean = portfolio.mean() * timeframe
std = portfolio.std() * np.sqrt(timeframe)
Sharpe = mean/std


#################### COMPUTE THE SORTINO ####################
downward = portfolio[portfolio<0]
std_downward = downward.std() * np.sqrt(timeframe)
Sortino = mean/std_downward


#################### COMPUTE THE DRAWDOWN ####################
# Compute the cumulative product returns
cum_rets = (portfolio+1).cumprod()

# Compute the running max
running_max = np.maximum.accumulate(cum_rets.dropna())
running_max[running_max < 1] = 1

# Compute the drawdown
drawdown = ((cum_rets)/running_max - 1)
min_drawdon = -drawdown.min()


#################### COMPUTE THE VaR ####################
theta = 0.01
# Number of simulations
n = 100000

# Find the values for theta% error threshold
t = int(n*theta)

# Create a vector with n simulations of the normal law
vec = pd.DataFrame(np.random.normal(mean, std, size=(n,)),
                   columns = ["Simulations"])
```

81

```python
# Orderer the values and find the theta% value
VaR = -vec.sort_values(by="Simulations").iloc[t].values[0]


##################### COMPUTE THE cVaR #########################
cVaR = -vec.sort_values(by="Simulations").iloc[0:t,:].mean()\
.values[0]


##################### COMPUTE THE RC #########################
if CR:
  # Find the number of the asset in the portfolio
  l = len(weights)


  # Compute the risk contribution of each asset
  crs = []
  for i in range(l):
    cr = beta_function(data.iloc[:,i]) * weights[i]
    crs.append(cr)


  crs = crs/np.sum(crs)  # Normalizing by the sum of the risk
contribution

  ##################### PLOT THE RESULTS #########################
  print(f""" ------------------------------------------------------------
  Portfolio: {columns}
  ------------------------------------------------------------------------
  Beta : {np.round(beta, 3)} \t Alpha: {np.round(alpha, 3)} \t \
  Sharpe: {np.round(Sharpe, 3)} \t Sortino: {np.round(Sortino, 3)}
  ------------------------------------------------------------------------
  VaR : {np.round(VaR, 3)} \t cVaR: {np.round(cVaR, 3)} \t \
  VaR/cVaR: {np.round(cVaR/VaR, 3)}
  ------------------------------------------------------------------------
  """)
  plt.figure(figsize=(10,6))
  plt.plot(portfolio.cumsum())
  plt.title("CUMULTATIVE RETURN", size=15)
  plt.show()


  plt.figure(figsize=(10,6))
```

```
plt.fill_between(drawdown.index, drawdown*100, 0, color="#E95751")
plt.title("DRAWDOWN", size=15)
plt.show()


if CR:
    plt.figure(figsize=(10,6))
    plt.scatter(columns, crs, linewidth=3, color = "#B96553")
    plt.axhline(0, color="#53A7B9")
    plt.grid(axis="x")
    plt.title("RISK CONTRIBUTION PORTFOLIO", size=15)
    plt.xlabel("Assets")
    plt.ylabel("Risk contribution")
    plt.show()
```

L'incorporation d'un paramètre permettant d'afficher ou non des mesures spécifiques évite de devoir créer de nombreuses fonctions.

Figure 5.5 : Backtest pour le portefeuille moyenne-variance

```
        Portefeuille : ['FB', 'NFLX', 'TSLA']

Bêta : 1.066 Alpha : 35.45 % Sharpe : 1.51 Sortino : 2.034

VaR : 30,74 % cVaR : 42,98 % VaR/cVaR : 1,398 drawdown : 39.27 %
```

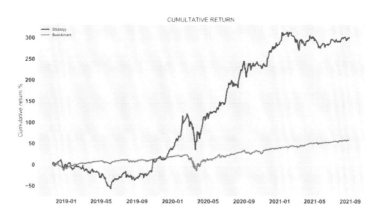

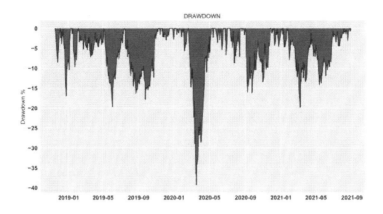

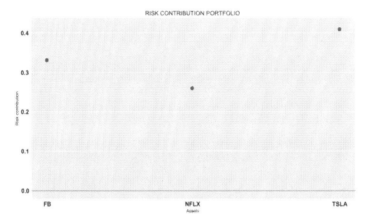

Cette figure montre le backtest de la stratégie moyenne-variance avec des métriques et quelques graphiques pour mieux comprendre le comportement du portefeuille.

5.3.2. Analyser le portefeuille statique

Grâce à la fonction de backtesting, nous pouvons désormais comparer des portefeuilles statiques entre eux.

Toutes les stratégies sont presque identiques car elles n'autorisent que les positions longues et la corrélation entre ces actifs est très élevée.

Il serait utile de trouver des actifs dont la corrélation des rendements est négative. Cela permettrait une excellente diversification du portefeuille.

Figure 5.6 : Métriques du portefeuille moyenne-variance (rappel)

```
Portefeuille : ['FB', 'NFLX', 'TSLA']

Beta:1.066  Alpha:35.45 %  Sharpe:1.51 Sortino:2.034

VaR:30,74 %     cVaR:42,98 %     VaR/cVaR:1,398  drawdown:39.27 %
```

Cette figure montre que cette stratégie est excellente car l'alpha est égal à 35,45%. Cependant, une VaR énorme implique un risque important dans cette stratégie.

Figure 5.7 : Métriques pour le portefeuille moyenne-variance-skewness-kurtosis

```
Portefeuille : ['FB', 'NFLX', 'TSLA']

Beta:1.136      Alpha:47.35 %     Sharpe:1.547   Sortino:2.105

VaR :33.36 %.   cVaR:47.59 %     VaR/cVaR:1.427      drawdown:44.24 %
```

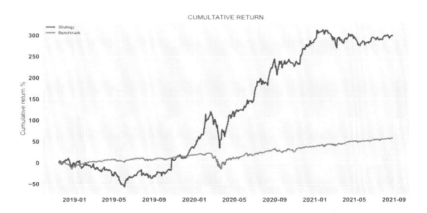

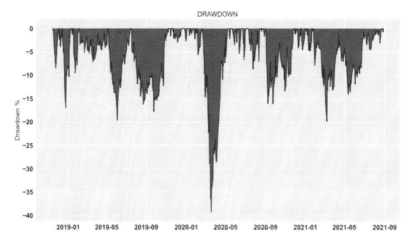

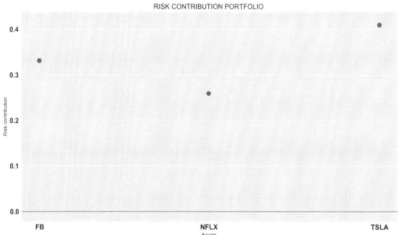

Cette figure montre que cette stratégie est bonne car l'alpha est égal à 47.35%. Cependant, une VaR massive implique un risque important dans cette stratégie et un drawdown à 44.24%.

Maintenant, nous comparons ces deux stratégies car il s'agit de stratégies avec le même esprit. Comme nous pouvons le voir dans la moyenne-variance, toutes les métriques impliquent que la stratégie est très rentable mais très risquée. Dans le même temps, le portefeuille moyenne-variance skewness kurtosis a également un meilleur rendement avec un risque plus élevé.

86

Avec ces paramètres, nous ne pouvons pas dire quelle stratégie est la meilleure. Ce choix dépend de l'investisseur. En effet, s'il aime les investissements risqués, il choisira la seconde, sinon la première.

Les seules différences sont le risque de contribution de chaque actif. Ainsi, si nous avons des préférences pour un actif, nous pouvons également choisir le meilleur portefeuille.

Examinons les deux autres stratégies statiques, les portefeuilles Sharpe et Sortino. Nous pouvons voir dans les figures 5.8 et 5.9 les métriques de la stratégie respective.

Figure 5.8 : Métriques pour le portefeuille d'optimisation Sharpe

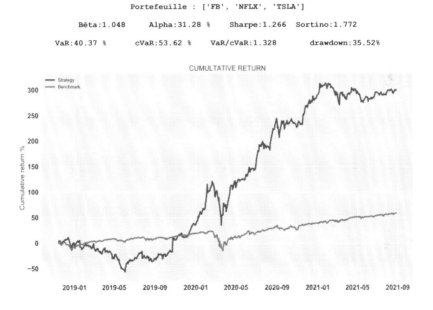

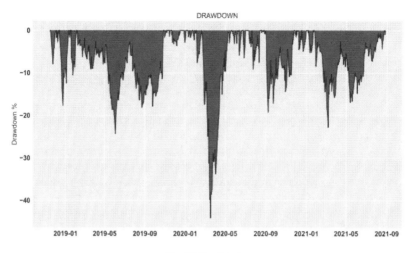

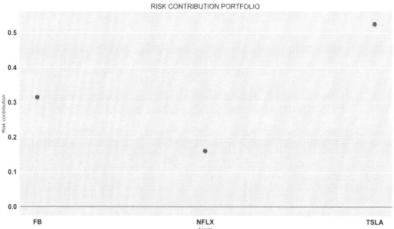

Dans cette figure, nous pouvons dire que cette stratégie est excellente car l'alpha est égal à 40,37%. Cependant, une VaR massive implique un risque important dans cette stratégie.

Figure 5.9 : Métriques pour le portefeuille d'optimisation Sortino

```
Portefeuille : ['FB', 'NFLX', 'TSLA']

Bêta:1.042    Alpha:30.28 %     Sharpe:1.241     Sortino:1.739

VaR:41.13%     cVaR:54.7%     VaR/cVaR:1,33    drawdown:34.92 %
```

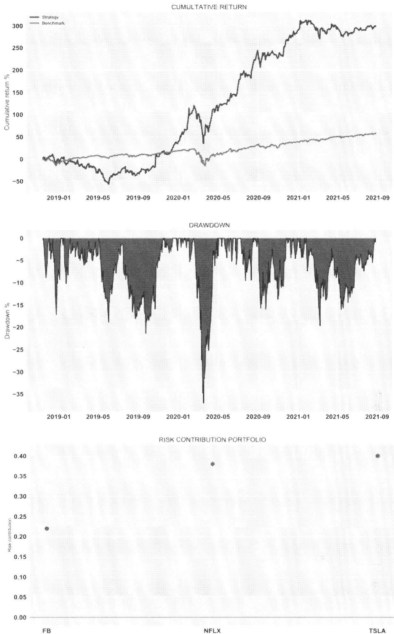

Cette figure montre que cette stratégie est excellente car l'alpha est égal à 41,13%. Cependant, une VaR massive implique un risque important dans cette stratégie.

Comme nous pouvons le voir, les deux stratégies ont presque les mêmes métriques. Nous ne pouvons pas dire si l'une ou l'autre est meilleure. La seule différence est le risque de chaque actif. Si nous préférons investir dans l'action Netflix et que nous croyons en cette action, nous prenons le portefeuille Sortino. En revanche, si nous préférons Tesla, nous choisissons le portefeuille Sharpe, par exemple.

5.3.3. Analyser un portefeuille dynamique

Dans cette partie, nous parlons de l'analyse des portefeuilles dynamiques. En effet, ils ont été catastrophiques par rapport au portefeuille statique.

Mais pourquoi ? Il y a plusieurs réponses à cette question. Tout d'abord, il était essentiel de comprendre que notre portefeuille dynamique est une stratégie fondamentale.

De même, nous n'avons pas fait de sélection d'actifs pour la première stratégie avec le SMA. Ces stratégies sont également simples, mais l'objectif était d'entrer en douceur dans le domaine des stratégies long-short. Nous verrons donc dans les chapitres suivants comment créer des stratégies de trading algorithmique à court terme qui fonctionnent bien mieux que celles-ci. Voyons les résultats de ces stratégies dans la figure 5.10 et la figure 5.11.

Figure 5.10 : Métriques pour le portefeuille d'optimisation SMA

```
Beta : -0.917   Alpha : 13.58 %     Sharpe :0.4       Sortino : 0.929

VaR : 64,9 %    cVaR : 76,31 %     VaR/cVaR : 1,176    drawdown : 44.05 %
```

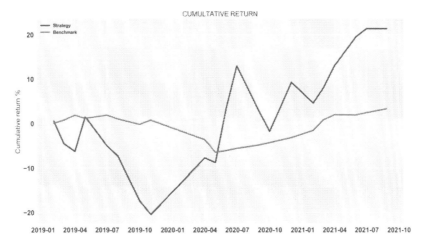

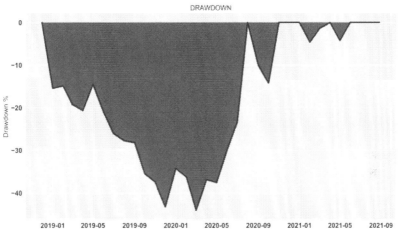

Cette figure montre que cette stratégie n'est pas bonne car l'alpha est de 13,58%, et la VaR est de 64% par an. Le ratio de Sharpe est maigre (0.40).

Figure 5.11 : Métriques du portefeuille d'optimisation des rendements de la tendance

Bêta : -2.118 Alpha -1.31 %   Sharpe:-0.058   Sortino : -0.092

VaR : 40,74 %   cVaR : 46,4 %   VaR/cVaR : 1,134 drawdown : 27.7%

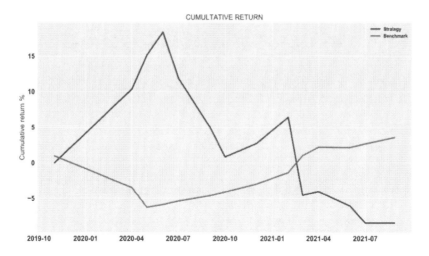

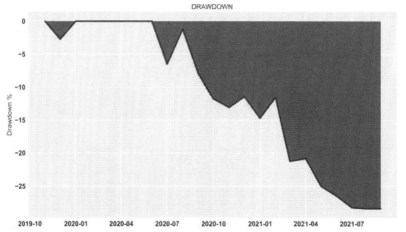

Cette figure montre que cette stratégie n'est pas bonne car l'alpha est égal à -1.53%, mais la VaR est à 40%, et le ratio de Sharpe est maigre (0.031).

Résumé

- Les métriques du CPAM, l'alpha et le bêta sont fascinants pour comprendre les liens entre le portefeuille et l'indice de référence.

- Le Drawdown nous donne la perte la plus importante que nous pouvons avoir sur une période si nous entrons en position au pire moment de cette période.

- Les ratios de Sharpe et de Sortino nous permettent de comprendre le gain de rendement pour 1% de prise de risque. Cependant, la manière de calculer le risque est différente.

- La VaR et la cVaR nous permettent de spéculer sur les pires pertes que vous pouvez subir en utilisant la stratégie.

Chapitre 6 : Méthodes avancées de backtest

Ce chapitre aborde les techniques avancées de backtest telles que le backtest stop-loss, les Monte-Carlo et le stop loss suiveur. Il nous donnera plus d'idées sur les mesures utilisées en finance et en trading.

6.1 Conseils utiles pour les backtests

Nous avons déjà vu comment réaliser un backtest, mais nous n'avons pas abordé les erreurs les plus fréquentes que j'ai pu voir après avoir enseigné à plus de 60 000 étudiants.

6.1.1 Le backtest n'est pas un outil de recherche

La première et la plus importante règle à suivre est la suivante : "Le backtest n'est pas un outil de recherche". Marco Lopez de Prado a dit dans un de ses livres : "Backtester en faisant des recherches, c'est comme boire et conduire."

Nous allons prendre un petit exemple des étapes suivies par la quasi-totalité des étudiants pour mettre en évidence la problématique de leur démarche :

1. Trouvez des données, créez de nouvelles variables et diviser l'ensemble de données entre un ensemble d'entraînement et un ensemble de test.
2. Créez une stratégie en utilisant uniquement le jeu d'entrainement
3. Backtest de la stratégie sur le jeu de test
4. Répétez jusqu'à ce que nous trouvions une stratégie rentable sur l'ensemble de test.

L'ÉTAPE 4 EST CE QUE NOUS DEVONS ÉVITER !

Pourquoi ? Parce que nous obtiendrons un surajustement caché de la stratégie. Sans nous en rendre compte, nous allons utiliser un jeu de données censé représenter au mieux la réalité pour développer notre stratégie. Or, dans la réalité, nous n'avons pas accès au prix futur :

c'est bien là le problème ! Nous utiliserons le futur pour entraîner nos algorithmes, et nous aurons donc des performances très différentes dans le trading réel.

Maintenant, laissez-moi vous montrer les étapes à suivre pour éviter de trouver une stratégie par "chance" ou une stratégie surajustée comme dans notre exemple précédent :

1. Trouvez les données, créez de nouvelles variables et divisez l'ensemble de données.
2. Créez une stratégie et OPTIMISEZ-la sur le jeu d'entrainement.
3. Backtester la stratégie sur l'ensemble de test : gardez-la si elle est bonne ou arrêtez-vous ici. Ne changez pas les paramètres de la stratégie ; la stratégie n'est pas rentable ? Ce n'est pas grave, nous allons en essayer une autre !

Nous devons comprendre que plus nous touchons à notre jeu de test pour adapter la stratégie, plus nous aurons de mauvaises performances à l'avenir (dans le trading réel).

6.1.2 Les grands jours ne sont pas nos amis

Il est évident que les jours de gros profits sont nos amis, alors pourquoi le titre de la section dit-elle le contraire ? La deuxième règle à suivre lorsque nous backtestons une stratégie est de ne pas tenir compte des gros profits.

En effet, plus l'événement est peu fréquent sur le backtest, plus la probabilité de le rencontrer à nouveau est faible. Ainsi, supposons que nous basions la rentabilité de notre stratégie sur ces 2 ou 3 gros profits. Dans ce cas, la probabilité d'être rentable en live trading est très faible.

Figure 6.1 : Stratégie avec une faible stabilité du rendement

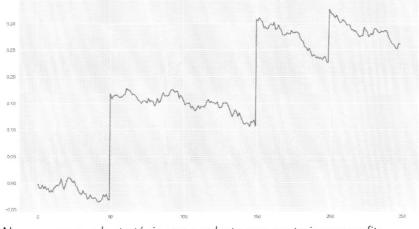

Nous voyons que la stratégie sera perdante sans ces trois gros profits. Cela signifie que c'est une stratégie risquée, donc, à mon avis, il est préférable de ne pas la sélectionner.

Pour illustrer ce propos, voyons les figures 6.1 et 6.2, dans lesquelles nous voyons deux stratégies ayant le même rendement sur la période mais avec un comportement très différent. La première perd une partie importante des trades mais est bonne grâce aux trois gains significatifs. A l'inverse, la seconde stratégie (figure 6.2) est beaucoup plus intéressante car la croissance du capital est beaucoup plus stable.

Figure 6.2 : Stratégie avec une excellente stabilité du rendement

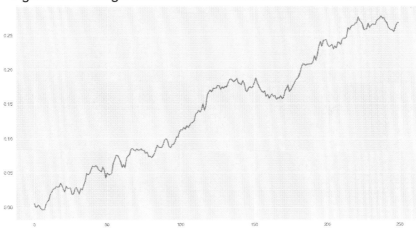

Cette stratégie est beaucoup plus stable car le profit provient d'une grande partie des trades. Nous n'avons pas de gros profits ou de

97

pertes importantes sur les rendements, ce qui est essentiel pour voir notre croissance du capital en toute sécurité.

 N'oubliez JAMAIS que le premier objectif du trading est de préserver notre capital et ensuite de le faire fructifier, et non l'inverse !

6.1.3 Comprendre votre stratégie

Faire un backtest n'est pas intéressant pour prédire le comportement futur des rendements de la stratégie. Le prix n'a suivi qu'un seul chemin parmi un nombre infini de chemins possibles. Alors, pourquoi faire un backtest ? Parce qu'il va nous permettre de comprendre les forces et les faiblesses de la stratégie, c'est essentiel avant de la mettre en place en live trading.

La première chose à vérifier est le ratio HIT, le pourcentage de trades gagnants : il est essentiel de conserver une stratégie avec un ratio HIT adapté à nos objectifs. Par exemple, supposons que nous voulons créer un signal de trading pour le mettre en copy trading (comme dans BullTrading). Dans ce cas, nous devrions avoir le ratio HIT le plus élevé possible car les gens seront plus confiants s'ils voient de nombreux profits, même petits. Cependant, nous pouvons accepter le ratio HIT le plus bas si nous développons des algorithmes uniquement pour notre investissement.

D'autre part, le ratio HIT n'est rien sans le ratio risque-récompense, qui est le rapport entre la récompense visée (souvent le take-profit) et le risque que nous prenons (souvent le stop-loss). Nous devons toujours nous rappeler que le ratio HIT et le ratio risque-récompense sont les deux faces d'une même pièce !

Figure 6.3 : Relation entre le HIT et le ratio risque/récompense pour atteindre le seuil de rentabilité

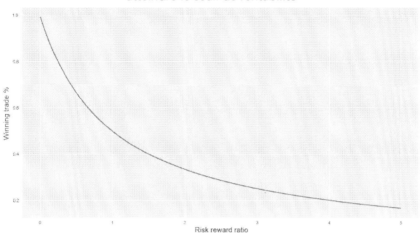

Nous devons trouver un équilibre entre ces deux mesures car nous n'obtiendrons jamais 95 % de trades gagnants avec un R (ratio risque/récompense) supérieur à 1. De plus, pas de panique car dans la figure 6.3 on voit qu'avec un ratio HIT de 95 %, nous n'avons besoin que d'un R de 0,052, ce qui signifie que si nous avons un risque de 1 %, nous avons besoin d'un bénéfice de 0,052 % lorsque nous gagnons un trade (avec un taux de gain de 95 %) pour être au seuil de rentabilité.

Ces deux mesures permettent de classer la stratégie et de comprendre si elle est adaptée ou non à notre profil d'investisseur. De plus, nous devons examiner d'autres mesures comme la durée de vie des transactions et le temps sous l'eau (lorsque le drawdown de la stratégie est inférieur à 0, mais nous l'expliquerons en détail dans la section suivante).

Il n'y a pas de bonne valeur pour ces valeurs ; même si plus le temps sous l'eau est petit, mieux c'est. Cependant, cela dépend de notre stratégie cible : si nous voulons une stratégie de scalping et que nous avons un temps maximum sous l'eau de 2 mois ; ce n'est pas bon, mais si nous utilisons une stratégie swing, cela peut être acceptable.

 Adaptez toujours l'analyse de votre backtest à votre stratégie cible. Par exemple, ne vous attendez pas à une

durée de vie des transactions de 10 minutes si vous utilisez une stratégie swing.

6.2 Calculer les rendements de la stratégie en utilisant TP et SL

Cette section nous montre comment calculer les rendements de la stratégie à l'aide d'une stratégie TP-SL, adapter les données à cette méthode de backtest et analyser les résultats.

6.2.1 Trouver l'extremum

Dans le chapitre précédent, nous avons utilisé le backtesting vectoriel. Cependant, c'est impossible ici car nous devons vérifier pour chaque position quand nous avons touché le take-profit ou le stop-loss. Cependant, si nous utilisons les ticks, le backtesting prendra beaucoup de temps (des heures, voire des jours si nous ne disposons pas d'un ordinateur performant).

Donc, pour résoudre ce problème, nous allons utiliser une petite astuce. En effet, pourquoi avons-nous besoin des ticks ? Nous devons trouver lequel du take-profit ou du stop-loss est touché pour chaque position. Donc, pour chaque bougie, nous avons besoin de savoir ce qui est arrivé en premier, le bas ou le haut !

Il est impossible d'utiliser une seule période. Cependant, supposons que nous utilisions deux bases de données : une à unité de temps élevé (ex : horaire) et l'autre à unité de temps faible (ex : 15 min). Dans ce cas, il sera possible de savoir laquelle a été touchée en premier. L'avantage de cette stratégie est que nous gardons le même nombre de données avec une nouvelle ligne, qui sera appelée "First" et nous dira si nous avons touché le haut ou le bas de cette bougie en premier. Pour obtenir la base de données utilisée dans le code regarder le dépôt Github (lien dans le chapitre 1).

Code 6.1 : Trouver si le prix du premier toucher : Bas ou Haut

```python
def find_timestamp_extremum(data, df_lowest_timeframe) :
    """
    :params : data(données OHLCV de la période la plus élevée),
    df_lowest_timeframe (données OHLCV de la période la plus basse)
    :return : données avec trois nouvelles colonnes : Low_time
    (TimeStamp), High_time (TimeStamp), High_first (Boolean)
    """


    # Set new columns
    data["Low_time"] = np.nan
    data["High_time"] = np.nan
    data["First"] = np.nan


    # Loop to find out which of the Take Profit and Stop loss appears
first
    for i in tqdm(range(len(data) - 1)): 1


        # Extract values from the lowest timeframe dataframe
        start = data.iloc[i:i + 1].index[0]
        end = data.iloc[i + 1:i + 2].index[0]
        row_lowest_timeframe = df_lowest_timeframe.loc[start:end].
        iloc[:-1]


        # Extract Timestamp of the max and min over the period
(highest timeframe)
        try:
            high = row_lowest_timeframe["high"].idxmax()
            low = row_lowest_timeframe["low"].idxmin()

            data.loc[start, "Low_time"] = low
            data.loc[start, "High_time"] = high


        except Exception as e:
            print(e)
            data.loc[start, "Low_time"] = start
            data.loc[start, "High_time"] = start


    # Find out which appears first
    data.loc[data["High_time"] > data["Low_time"], "First"] = 1
    data.loc[data["High_time"] < data["Low_time"], "First"] = 2
```

101

```
        data.loc[data["High_time"] == data["Low_time"], "First"] = 0  2


        # Verify the number of row without both TP and SL on same time
        percentage_garbage_row=len(data.loc[data["First"]==0].dropna())
 / len(data) * 100

        #if percentage_garbage_row<95:
        print(f"WARNINGS: Garbage row: {'%.2f' % percentage_garbage_row}
 %")  3


        # Transform the columns in datetime columns
        data.High_time = pd.to_datetime(data.High_time)
        data.Low_time = pd.to_datetime(data.Low_time)

        # We delete the last row because we can't find the extremum
        data = data.iloc[:-1]

        # Specific to the current data
        if "timestamp" is data.columns:
            del data["timestamp"]

        return data
```

1 Effectuez une itération sur chaque ligne de la base de données à unité de temps élevé et sélectionnez les lignes de la base de données à faible unité de temps associées, pour trouver le point le plus bas et le plus haut de chaque bougie de la base de données à unité de temps la plus élevé.

2 Parfois, vous aurez une ligne indéterminée si le plus haut et le plus bas de la base de données à unité de temps élevé sont dans la même bougie de la base de données à unité de temps faible.

3 Calculez le nombre de ligne dans lesquelles nous ne pouvons pas trouver quel extremum est touché en premier.

Nous avons 0,86% de rangs indéterminés dans notre exemple, donc c'est acceptable. Cependant, si nous avons plus de 5% de rangs indéterminés, il est préférable de prendre un délai inférieur.

6.2.2 Calculer les rendements

Une fois que nous avons une base de données complète avec nos données OHLCV et que nous avons une nouvelle ligne qui nous indique quel extremum est touché en premier, nous pouvons calculer les rendements de notre stratégie en utilisant une stratégie de sortie TP-SL.

Pour mettre en pratique notre backtest, nous avons besoin d'un signal: -1 si nous voulons prendre une position à la vente, 0 si nous ne faisons rien, et 1 si nous prenons une position à l'achat. Toutefois, si nous ne disposons pas de ces signaux, nous pouvons les simuler à l'aide du code suivant.

Code 6.2 : Calculer des signaux aléatoires

```
# Créer des signaux aléatoires
np.random.seed(70)
valeurs = [-1, 0, 1]
df["Signal"] = [np.random.choice(valeurs
            , p=[0.10, 0.80, 0.10]) for _ in range(len(df))]
```

C'est très simple. Pour calculer les rendements en utilisant une stratégie de sortie Take-profit / Stop-loss, nous devons considérer quatre cas :

1. Nous ouvrons une position d'achat, et nous touchons d'abord le TP (prix élevé).
2. Nous ouvrons une position d'achat, et nous touchons d'abord le SL (prix bas).
3. Nous ouvrons une position de vente, et nous touchons d'abord le TP (prix bas).
4. Nous ouvrons une position de vente, et nous touchons d'abord le SL (prix élevé).

C'est un peu fastidieux, mais le raisonnement est simple : nous avons un signal, et à l'ouverture de la bougie suivante, nous ouvrons un trade (achat ou vente, selon le cas). Ensuite, pour chaque haut et bas, nous vérifions la variation entre l'ouverture et le haut et bas actuel pour voir si nous avons franchi ou non le TP ou le SL.

Code 6.3 : Backtest utilisant TP et SL

```
def run_tp_sl(données, levier=1, tp=0.015, sl=-0.015, coût=0.00) :
    """
    :params (obligatoire) : data(doit contenir une colonne High_time
et une colonne Low_time)
    :params (facultatif) : leverage=1, tp=0.015, sl=-0.015,
cost=0.00
    :return : données avec trois nouvelles colonnes : Low_time
(TimeStamp), High_time (TimeStamp), High_first (Boolean)
    """

    # Set some parameters
    buy=False
    sell=False
    data["duration"] = 0


    for i in range(len(data)):

        # Extract data
        row = data.iloc[i]


        ######## OPEN BUY ########
        if buy==False and row["Signal"]==1:
            buy = True
            open_buy_price = row["open"]
            open_buy_date = row.name

        #VERIF
        if buy:
            var_buy_high = (row["high"] - open_buy_price) /
            open_buy_price
            var_buy_low = (row["low"] - open_buy_price) /
        open_buy_price

            # VERIF FOR TP AND SL ON THE SAME CANDLE
            if (var_buy_high > tp) and (var_buy_low < sl): 1

                # IF TP / SL ON THE SAME TIMESTAMP, WE DELETE THE
        TRADE RETURN
                if row["Low_time"] == row["High_time"]:
```

```python
                pass

            elif row["First"]==2:
                data.loc[row.name, "returns"] = (tp-cost) *
                leverage
                data.loc[row.name, "duration"] = row.High_time -
                open_buy_date

            elif row["First"]==1:
                data.loc[row.name, "returns"] = (sl-cost) *
                leverage
                data.loc[row.name, "duration"] = row.Low_time -
                open_buy_date

            buy = False
            open_buy_price = None
            var_buy_high = 0
            var_buy_low = 0
            open_buy_date = None

        elif var_buy_high > tp:
            data.loc[row.name, "returns"] = (tp-cost) * leverage
            buy = False
            open_buy_price = None
            var_buy_high = 0
            var_buy_low = 0
            data.loc[row.name, "duration"] = row.High_time -
            open_buy_date
            open_buy_date = None

        elif var_buy_low < sl:
            data.loc[row.name, "returns"] = (sl-cost) * leverage
            buy = False
            open_buy_price = None
            var_buy_high = 0
            var_buy_low = 0
            data.loc[row.name, "duration"] = row.Low_time -
            open_buy_date
            open_buy_date = None


    ######## OPEN SELL ########
    if sell==False and row["Signal"]==-1:
```

105

```
        sell = True
        open_sell_price = row["open"]
        open_sell_date = row.name

#VERIF
if sell: 2
    var_sell_high = -(row["high"] - open_sell_price) /
    open_sell_price
    var_sell_low = -(row["low"] - open_sell_price) /
    open_sell_price

    if (var_sell_low > tp) and (var_sell_high < sl):

        if row["Low_time"] == row["High_time"]:
            pass
        elif row["First"]==1: #À INVERSER POUR LE BUY
            data.loc[row.name, "returns"] = (tp-cost) *
            leverage
            data.loc[row.name, "duration"] = row.Low_time -
            open_sell_date

        elif row["First"]==2:
            data.loc[row.name, "returns"] = (sl-cost) *
            leverage
            data.loc[row.name, "duration"] = row.High_time -
            open_sell_date

        sell = False
        open_sell_price = None
        var_sell_high = 0
        var_sell_low = 0
        open_sell_date = None

    elif var_sell_low > tp:
        data.loc[row.name, "returns"] = (tp-cost) * leverage
        sell = False
        open_sell_price = None
        var_sell_high = 0
        var_sell_low = 0
        data.loc[row.name, "duration"] = row.Low_time -
        open_sell_date
        open_sell_date = None
```

```
        elif var_sell_high < sl:
            data.loc[row.name, "returns"] = (sl-cost) * leverage
            sell = False
            open_sell_price = None
            var_sell_high = 0
            var_sell_low = 0
            data.loc[row.name, "duration"] = row.High_time —
            open_sell_date
            open_sell_date = None


    # Put 0 when we have missing values
    data["returns"] = data["returns"].fillna(value=0)  3
    return data
```

1   Nous devons d'abord vérifier si le TP et le SL sont tous deux franchis dans la même ligne pour regarder les colonnes First afin de voir lequel est touché en premier (si First = 0, nous ne comptons pas la transaction).

2   Nous devons être très prudents lorsque nous calculons le profit des positions de vente car nous devons utiliser le point le plus bas pour trouver le TP et le point le plus haut pour trouver le SL.

3   Il serait utile de remplacer toutes les valeurs Nan par des zéros pour calculer efficacement les métriques de backtest.

Nous avons déjà fait le backtest mais nous ne savons pas comment l'interpréter. En effet, nous avons une série de rendement sans information claire. C'est l'objet de la section suivante

6.2.3 Analyser le backtest

Le calcul des rendements ne suffit pas; nous devons calculer différentes métriques pour avoir un aperçu rapide des performances de notre stratégie. Pour ce faire, nous allons modifier quelque peu notre fonction de backtest précédente.

La modification la plus significative dans le résultat est que nous n'avons pas le ratio de Sharpe et de Sortino dans ce backtest. Pourquoi ? Comme le TP et le SL sont fixes, il n'est pas utile de calculer la volatilité, en particulier la volatilité à la baisse, car toutes les pertes sont égales au stop-loss moins les frais. Nous pouvons donc remplacer cela par la durée de vie moyenne de la transaction et le ratio VaR sur cVaR par le TUW (time underwater) car le ratio VaR/cVaR sera proche de 1 en raison du stop-loss.

Figure 6.4 : Backtest du signal aléatoire

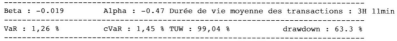

```
----------------------------------------------------------------------------
Beta : -0.019        Alpha : -0.47 Durée de vie moyenne des transactions : 3H 11min
----------------------------------------------------------------------------
VaR : 1,26 %         cVaR : 1,45 % TUW : 99,04 %          drawdown : 63.3 %
----------------------------------------------------------------------------
```

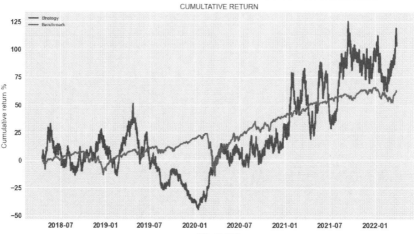

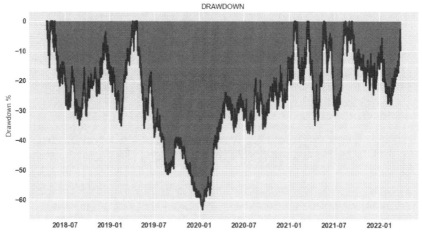

Prenez juste une minute pour analyser le backtest. Ici, la stratégie va directement à la poubelle. Pourquoi ? A cause du risque qu'elle prend. Le TUW est de 99,04%, avec un drawdown maximum de 63,3%.

De plus, nous pouvons également afficher les rendements mensuels, ce qui peut constituer une indication intéressante. Voyons comment le faire dans le code suivant et voyons le résultat dans la figure 6.5.

Code 6.4 : Calculer les rendements mensuels

```python
# Bonus
def profitable_month_return(p) :
        total = 0
        positif = 0


        r=[]
        # Loop on each different year
        for year in p.index.strftime("%y").unique():
            e = []
            nbm                                              =
    p.loc[p.index.strftime("%y")==year].index.strftime("%m").unique()
            # Loop on each different month
            for mois in nbm:

                monthly_values                              =
    p.loc[p.index.strftime("%y:%m")==f"{year}:{mois}"]
                sum_ = monthly_values.sum()

                # Verifying that there is at least 75% of the values
                if len(monthly_values)>15:

                    # Computing sum return
                    s = monthly_values.sum()

                    if s>0:
                        positif+=1

                    else:
                        pass

                    total+=1
```

```
            else:
                pass
            e.append(sum_)
        r.append(e)
    r[0]=[0 for _ in range(12-len(r[0]))] + r[0]
    r[-1]= r[-1]  + [0 for _ in range(12-len(r[-1]))]
    return
pd.DataFrame(r,columns=["January","February","March","April","May",
"June",

"July","August","September","October","November","December"],
index=p.index.strftime("%y").unique())

def heatmap(data):
    htm = profitable_month_return(data["returns"])*100
    htm.index.name = "Year"
    htm.index = [f"20{idx}" for idx in htm.index]

    plt.figure(figsize=(20,8))
    pal = sns.color_palette("RdYlGn",n_colors=15)
    sns.heatmap(htm, annot=True, cmap =pal, vmin=-100, vmax=100)

    plt.title("Heatmap Monthly returns")
    plt.show()
```

Figure 6.5 : Heatmap des rendements mensuels

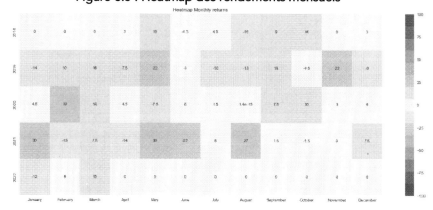

C'est un moyen très intéressant de montrer visuellement la stabilité de la performance de la stratégie.

6.3 Outils de backtest avancés

Une fois que nous avons un backtest classique, nous pouvons ajuster les métriques et simuler différents chemins. De plus, nous pouvons facilement backtester une stratégie de stop loss suiveur.

6.3.1 Liste des paramètres du backtest

Dans cette section, nous allons récapituler plusieurs indicateurs de backtest (certains que nous avons déjà vus dans le livre, mais nous allons les remettre ici pour avoir une liste complète d'indicateurs). Il s'agit d'une liste non exhaustive !

1. **Temps de tête sous l'eau** : le pourcentage de temps pendant lequel nous avons un drawdown inférieur à 0. Cela nous permet de comprendre le pourcentage de temps pendant lequel nous perdons de l'argent. Il est essentiel de comprendre que le temps ne donne pas l'intensité de la perte : nous pouvons avoir un temps sous l'eau de 1% et un drawdown maximum de 100%, donc nous perdrons tout notre capital. Cette métrique doit toujours être combinée au drawdown maximum.

2. **Durée de vie d'une transaction** : la durée moyenne d'une position. Plus la stratégie est scalpante, plus la durée de vie du trade est essentielle.

3. **Actifs sous gestion** : C'est la valeur en dollars de notre portefeuille à chaque instant (c'est un vecteur). Nous calculons généralement l'AUM moyen pour obtenir le montant moyen sous gestion pendant la période.

4. **Ratio long - short** : Nombre de positions longues sur le nombre de positions shorts. Ainsi, si nous travaillons avec une stratégie long-short, plus la valeur est proche de 0,5, mieux c'est.

5. **Nombre de transactions** : il est très important de comprendre le nombre de transactions que vous effectuez et de voir s'il est conforme à votre plan de trading : une stratégie comportant 12

transactions sur un an ne peux pas fournir un backtest significatif, mais 500 le sont.

6. **Rendements annualisés** : Il est essentiel de calculer le rendement annualisé pour pouvoir comparer plusieurs stratégies entre elles.

7. **Corrélation avec le sous-jacent : La** corrélation de Pearson entre les rendements de la stratégie et les rendements du sous-jacent. Plus la valeur est proche de 1, plus la stratégie est longue sur l'actif et plus la corrélation est proche de -1, plus la stratégie short l'actif. Ainsi, la stratégie n'ajoute pas beaucoup de valeur si la corrélation est proche de -1 ou de 1.

8. **Ratio HIT :** pourcentage de transactions gagnantes. Il doit être associé au ratio risque-récompense.

9. **Le rapport risque-récompense :** Essentiel pour comprendre la récompense visée et le risque que vous prenez. Encore une fois, le HIT et les ratios risque-récompense (R) sont les deux faces d'une même pièce.

10. **Le ratio de Sharpe :** Métrique financière essentielle, elle permet de comprendre les avantages du rendement d'un pourcentage de risque supplémentaire. Il doit être annualisé.

11. **Ratio de Sortino :** Même métrique que le ratio de Sharpe, mais nous calculons le risque en utilisant la volatilité à la baisse au lieu de la volatilité classique pour le ratio de Sharpe.

12. **Bêta :** Il nous donnera des indications sur le degré de corrélation de la stratégie avec le marché (SP500, par exemple) (plus d'explications au chapitre 5).

13. **Alpha : Il** nous indique comment la stratégie surperforme ou sous-performe le marché. (Plus d'explications au chapitre 5)

14. **Ratio d'information :** il nous permettra de comparer le couple risque-rendement de la stratégie au couple risque-rendement de l'indice de référence.

15. **Rendement des actifs sans risque :** Considérez les rendements des actifs sans risque sur la période (annualisés) pour les comparer aux rendements annualisés de la stratégie.

16. **VaR :** Elle nous donne la pire perte que nous pouvons faire avec un seuil d'erreur de 5%. On peut la calculer sur la période que l'on souhaite : la pire perte par jour, mois ou année par exemple. (Plus d'explications au chapitre 5)

17. **cVaR :** Comme la VaR mais avec quelques différences dans le calcul. (Plus d'explications au chapitre 5)

> Utiliser 20 indicateurs de backtest ne rendra pas votre stratégie meilleure. A mon avis, 5 bons indicateurs sont clairement suffisants pour avoir une vue d'ensemble rapide.

6.3.2 Simulation de Monte Carlo

Jusqu'à présent, nous avons analysé la performance de notre stratégie sur un seul chemin possible. En effet, le passé n'est qu'un seul chemin possible entre une infinité.

Pour analyser les différents chemins possibles, nous pouvons utiliser les simulations de Monte-Carlo. Pour créer une simulation de Monte-Carlo, nous allons prendre les rendements de notre stratégie et les réorganiser de manière aléatoire à multiple reprises (On en prend une centaine au minimum)

Code 6.4 : Calculer les rendements mensuels

```
def monte_carlo(data, method="simple") : 1

    random_returns = []
    data["returns"] = data["returns"].fillna(value=0)

    for _ in tqdm(range(100)):
        returns = data["returns"]-10**-100  2
        np.random.shuffle(returns)
```

```
        random_returns.append(returns)

    if method=="simple":
        df_ret                                          =
pd.DataFrame(random_returns).transpose().cumsum()*100
        cur_ret = data["returns"].cumsum()*100
    else:
        df_ret                                          =
((1+pd.DataFrame(random_returns).transpose())).cumprod()-1)*100
        cur_ret = ((1+data["returns"]).cumprod()-1)*100


    p_90 = np.percentile(df_ret, 99, axis=1)
    p_50 = np.percentile(df_ret, 50, axis=1)
    p_10 = np.percentile(df_ret, 1, axis=1)



    plt.figure(figsize=(20,8))

    plt.plot(df_ret.index, p_90, color="#39B3C7")
    plt.plot(df_ret.index, p_50, color="#39B3C7")
    plt.plot(df_ret.index, p_10, color="#39B3C7")

    plt.plot(cur_ret,   color="blue",   alpha=0.60,   linewidth=3,
label="Current returns")



    plt.fill_between(df_ret.index, p_90, p_10,
                     p_90>p_10,   color="#669FEE",   alpha=0.20,
label="Monte carlo area")



    plt.ylabel("Cumulative returns %", size=13)
    plt.title("MONTE CARLO SIMULATION", size=20)

    plt.legend()
    plt.show()
```

1   Nous pouvons choisir la méthode de capitalisation. Les résultats seront différents si nous utilisons la capitalisation simple ou composée.

114

2   Pour chaque simulation, nous devons changer un peu les valeurs pour mélanger les données à nouveau (c'est juste une contrainte de programmation), mais cela ne changera rien aux résultats.

Une fois que nous avons plusieurs simulations, nous devons les tracer intelligemment. Pour mettre en évidence les différents chemins possibles, nous allons créer une zone de Monte-Carlo (entre le 1er centile et le 99e centile) et placer la médiane des rendements comme dans la figure 6.6.

Il est essentiel de faire cette analyse pour comprendre la perte que nous pouvons subir dans le pire des cas (courbe du 1er centile). Dans notre cas, nous pouvons voir que nous avons perdu presque tout notre capital la première année. Ainsi, cette stratégie est trop volatile car même si l'on suit la distribution de la stratégie, il est possible d'avoir perdu 90% de notre capital la première année.

Lorsque nous avons notre zone de Monte-Carlo, la meilleure chose à avoir est une zone courte proche avec une tendance à la hausse. Plus la zone est petite, moins la stratégie est volatile.

Figure 6.6 : Simulation de Monte-Carlo avec capitalisation des intérêts simples

Étant donnée la bande inférieure du Monte-Carlo, nous pouvons voir que dans l'un des pires chemins, nous pouvons perdre beaucoup dèss le lancement de notre stratégie. De plus, la zone de Monte-Carlo est trop grande.

6.3.3 Le stop loss suiveur facile

Le stop loss suiveur ou trailing stop loss nécessite des ticks pour être calculé correctement. Cependant, voici une petite astuce pour trouver le pire cas possible en utilisant une stratégie de trailing stop loss. Ainsi, si nous utilisons la fonction backtest qui trouvera le pire cas, nous verrons si, dans le pire cas, nous sommes rentables ou non. Si c'est le cas, c'est une bonne chose car cela signifie que tous les gros profits issus du trailing stop loss seront un bonus.

Il existe de nombreuse autre manière de calculer un trailing stop loss, comme stop loss suiveur classics ou les doubles objectifs de profit. Dans notre exemple, nous utiliserons le trailing stop loss à seuil. Une fois que nous avons touché le TP, nous commençons le Trailing Stop Loss (TSL) avec une marge de 0,1%. Cela signifie que lorsque nous touchons le seuil de 1.5%, nous sécurisons 1,4%, et ensuite nous utilisons un TSL classique : à chaque augmentation de prix, nous augmentons le stop loss pour sécuriser de plus en plus de profit. L'objectif sera de trouver les rendements dans le cas où nous n'obtenons jamais de bénéfice bonus grâce au stop loss suiveur et ainsi vérifiez la rentabilité de la stratégie pour augmenter la probabilité de rentabilité en live trading.

Code 6.5 : Calcul des rendements mensuels

```
def run_tsl(données, levier=1, tp=0.015, sl=-0.015, tsl= 0.001, cost=0.00)
:

    """
    :params (obligatoire) : data(doit contenir une colonne High_time et
une colonne Low_time)
    :params (facultatif) : leverage=1, tp=0.015, sl=-0.015, cost=0.00
    :return : données avec trois nouvelles colonnes : Low_time
(TimeStamp), High_time (TimeStamp), High_first (Boolean)
    """

    tpl = tp - tsl  1
```

1   La seule différence avec la fonction run_tpsl est que nous devons mettre en place la marge du TSL.

Parfois, calculer le pire cas d'une stratégie ou d'un indicateur est beaucoup plus facile que de calculer l'ensemble du processus. Utilisez-le à votre avantage.

Comme le montre la figure 6.7, le signal aléatoire avec la TSL du pire cas n'est pas rentable. Cela est dû à la faible robustesse de la stratégie avec une volatilité sous-jacente élevée.

Logiquement, le pire cas de TSL n'est pas très bon. Cependant, il faut tout de même des rendements acceptables, ce qui augmentera la probabilité d'être rentable à l'avenir. Ce sera beaucoup plus difficile en création, mais beaucoup plus facile lorsque nous serons dans le live trading. À vous de choisir vous voulez souffrir le plus, lors de la création ou de la production...

Figure 6.7 : Pire cas de TSL avec un signal aléatoire

Beta : -0.018 Alpha : -3.13 % DURÉE DE VIE MOYENNE DES TRADES : 3H 11min	
VaR : 1,32 % cVaR : 1,5 % TUW : 99,71 % drawdown : 87.8 %	

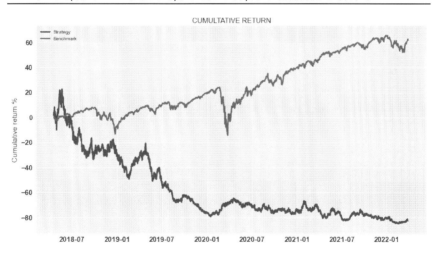

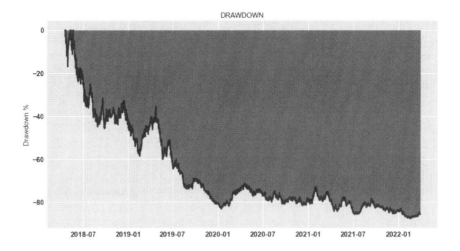

Résumé

- Comprendre comment procéder pour créer un Backtest aussi propre que possible.

- Comment créer un backtest long-short en utilisant TP et SL comme signaux de sortie.

- Il existe de nombreuses métriques pour comprendre notre backtest (17 dans le chapitre mais une infinité qui peut être utilisée). N'oubliez pas que faire 20 métriques de backtest ne rendra pas notre stratégie meilleure !

- Utilisez la simulation de Monte-Carlo pour comprendre les différentes trajectoires possibles de vos données.

- Comment calculer facilement un Stop Loss suiveur ?

Partie 2 : Statistiques modèles prédictifs

Cette partie traite des techniques classiques utilisées dans l'industrie financière. Tout d'abord, nous apprendrons l'arbitrage statistique à l'aide d'un exemple : le trading de paires (pairs trading). Ensuite, nous parlerons du modèle ARMA pour prédire les rendements des actions. Et pour finir, nous verrons plus en profondeur la notion de régression linéaire et le concept de classification avec la régression logistique.

Résumé :

Chapitre 7 : Trading d'arbitrage statistique

Chapitre 8 : Modèles ARMA (Auto Regressive Moving Average)

Chapitre 9 : Régression linéaire et régression logistique .

Chapitre 7 : Arbitrage statistique Trading

Dans ce chapitre, nous allons aborder l'arbitrage statistique en finance. Cette notion sera mise en avant à travers la stratégie de trading de paires. Tout d'abord, nous aborderons l'idée de stationnarité et de cointégration. Ensuite, nous expliquerons comment fonctionne la stratégie de trading de paires.

Avant de commencer ce chapitre, parlons de l'arbitrage statistique. Dans ce chapitre, nous ne verrons qu'un des nombreux exemples de la stratégie d'arbitrage statistique.

En théorie, il est impossible de réaliser un profit à long terme avec une stratégie de trading, car le marché devrait être équilibré et efficace. Cependant, dans la réalité, c'est un peu différent. En effet, il existe de nombreux déséquilibres sur le marché financier, et les stratégies d'arbitrage statistique permettent de transformer ce déséquilibre en profit. Par exemple, l'une des stratégies les plus simples consiste à trouver des erreurs dans les cotations du Forex.

Par exemple, nous avons les paires de devises suivantes : NZD/AUD=1, AUD/CAD=1.5, et NZD/CAD=1. Si nous avons du CAD et que nous voulons utiliser une opportunité d'arbitrage statique pour faire un profit. En utilisant la troisième paire de devises, nous pouvons acheter 100NZD puis 100NZD=100AUD et 100AUD=150CAD. C'est une opportunité d'arbitrage statistique car nous avons 100CAD et nous pouvons avoir 150CAD en utilisant un **déséquilibre** du marché sans risque.

7.1. De la stationnarité à la cointégration

Cette section étudiera la stationnarité d'une série temporelle et comment utiliser la stationnarité des séries temporelles pour trouver la cointégration entre deux séries temporelles.

7.1.1. Stationnarité

La stationnarité d'une série temporelle est essentielle car elle est un point crucial du comportement d'une série temporelle.

Il y a stationnarité si la série temporelle est **plate autour de la moyenne et sans tendance**. De plus, elle doit avoir une **variance constante dans le temps**.[7] (Il existe de nombreuses hypothèses à vérifier, mais ce sont les plus importantes).

Une série chronologique tend à revenir à une moyenne constante si elle est stationnaire. C'est donc une bonne chose si vous voulez utiliser l'arbitrage statistique.

Nous pouvons vérifier la stationnarité d'une série chronologique en utilisant le test de Dick et Fuller. L'hypothèse nulle du test (H0) est que la série temporelle n'est pas stationnaire. Ainsi, supposons que nous ayons une valeur p inférieure au seuil d'erreur s, dans ce cas, l'hypothèse H0 n'est pas acceptée, et il s'agit d'une série temporelle stationnaire. Par exemple, si nous voulons savoir à un seuil d'erreur de 10% (si la série temporelle est stationnaire), nous allons calculer un test de Dick et Fuller augmenté et vérifier si la p-value est inférieure ou supérieure à 10%. Il existe donc les possibilités suivantes :

- **p > 0.10** : H0 est accepté, et la série temporelle n'est pas stationnaire. Nous devons faire quelques modifications si nous voulons qu'elle devienne stationnaire.

- **p < 0.10** : H0 n'est pas accepté, et la série temporelle est stationnaire.

Il existe de nombreux tests pour déterminer si une série temporelle est stationnaire. Cependant, il faut faire attention car tous les tests ont des hypothèses nulles différentes, l'une peut être la stationnarité, et l'autre la non-stationnarité.

---

[7] **Lecture supplémentaire :** Stationarity and differencing

Voici quelques images de séries temporelles stationnaires et non stationnaires.

Figure 7.1 : Série non stationnaire

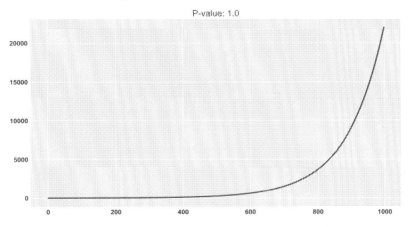

Comme nous pouvons le voir dans le titre, la valeur p de cette série chronologique est de 1,0. Cela signifie qu'il n'y a aucun doute que cette série n'est pas stationnaire.

 Plus la valeur p est proche de 0, plus il y a de chances que la série chronologique soit stationnaire.

Sur la page suivante, la figure 7.2 montre le comportement d'une série chronologique stationnaire. Il s'agit des données les plus stationnaires que l'on puisse avoir. Ainsi, nous pouvons trouver les différences entre la figure 7.1 et la figure 7.2.

Figure 7.2 : Série chronologique stationnaire

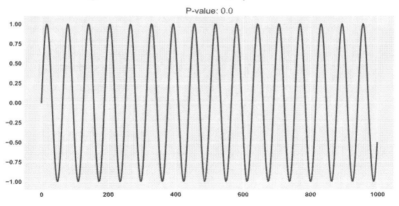

Comme nous pouvons le voir dans le titre, la valeur p de cette série chronologique est de 0,0. Cela signifie qu'il n'y a aucun doute que cette série est stationnaire.

7.1.2. Co-intégration

Bien souvent, les cours des actions ne sont pas stationnaires. Alors, comment appliquer des modèles qui nécessitent des données stationnaires ? Pour ce faire, nous allons parler de la cointégration. La **cointégration nous permet de trouver une série temporelle stationnaire combinant des séries temporelles non stationnaires.**[8]

 Pour savoir si deux séries temporelles sont cointégrées, vous devez trouver une relation comme celle-ci (où Y et X sont deux séries temporelles) $Y = \alpha + \beta * X + \varepsilon$ où ε (le terme d'erreur) **est stationnaire** et X et Y sont deux séries temporelles **non stationnaires**.

Ainsi, pour créer un test de cointégration, nous devons calculer une régression linéaire. Nous apprendrons comment cela fonctionne en détail dans l'un des chapitres suivants. Actuellement, la seule chose que nous devons savoir est que le but de la régression est de trouver des relations entre les données. Comme nous l'avons vu

---

[8] **Cours complémentaire** : Cointégration, Niti Gupta

précédemment dans la boîte de conseils, la régression linéaire nous donne l'alpha et le bêta pour estimer la valeur du Y, en connaissant seulement le X. De plus, l'epsilon est le terme d'erreur.

Code 7.1 : test de cointégration

```
import statsmodels.api as stat
import statsmodels.tsa.stattools as ts


def cointegration(x, y):
    ols = stat.OLS(x, y).fit() 1
    adf_results = ts.adfuller(ols.resid) 2
    if adf_results[1] <= 0.1: 3
        return 'Cointegration'
    else:
        return 'No Cointegration'
```

1   Ajustez la régression linéaire en utilisant Statsmodels.

2   *ols.resid* nous permet de prendre les résidus facilement.

3   Le seuil d'acceptabilité de l'essai est de 0,1. Cela signifie 10 %.

Avec Python, il est plus facile de travailler avec la meilleure bibliothèque pour chaque situation. **StatsModels** est préférable lorsque vous devez effectuer des tâches statistiques avec une régression linéaire, et si vous souhaitez effectuer une régression linéaire pour l'apprentissage automatique, vous utiliserez **Scikit-learn**.

La figure 7.3 montre la différence entre deux séries temporelles cointégrées. En effet, dans la figure, nous pouvons voir le résidu entre les deux séries temporelles. Dans cet exemple, les deux séries ne sont pas stationnaires. En effet, la p-value du test augmenté de Dick Fuller pour les deux séries temporelles est égale à 1. De plus, la p-value du test augmenté de Dick et de Fuller pour les résidus est de 0. Donc, les résidus sont stationnaires. Il est possible de voir cela dans la figure sans calculs.

Figure 7.3 : Co-intégrer deux séries temporelles

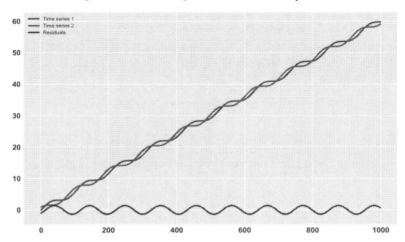

Comme nous pouvons le voir, les résidus de cette série temporelle sont stationnaires, ce qui implique que les deux séries sont cointégrées. Il est également facile de voir que les deux séries temporelles ne sont pas stationnaires.

7.2. Pairs trading

Dans la section précédente, nous avons vu quelques notions de statistiques. Dans cette section, nous allons les appliquer à un contexte financier avec une stratégie de trading de paires[9] .

7.2.1. Comment cela fonctionne

Dans cette partie, nous allons parler du fonctionnement théorique du trading de paires. Cela nous permettra de comprendre comment choisir les meilleurs actifs et processus pour réaliser cette stratégie :

- **Nous devons exécuter une analyse qualitative des deux paires** : nous avons besoin d'actifs du même secteur. Par

---

[9] **Cours supplémentaire** : Trading de paires, James Chen

exemple, BTC/USD et ETH/USD. Ensuite, c'est moins critique, mais nous devons trouver des actifs ayant une capitalisation boursière similaire et des volumes échangés quotidiens équivalents.

- **Nous analysons si les séries temporelles sont cointégrées** : c'est la partie essentielle du processus. Nous devons avoir deux séries temporelles non stationnaires avec des résidus stationnaires pour trouver une relation linéaire entre les deux actifs.

- **Analyser la corrélation** : si l'on dispose d'un ensemble d'actifs et qu'il y en a trop avec une cointégration, on peut prendre les n paires les plus corrélées (en rendement).

Une fois que nous avons fait cela, nous avons la paire d'actifs pour faire la stratégie de trading de paire. Il est nécessaire de calculer les z-scores en utilisant les différences entre les deux séries temporelles comme pour le portefeuille dynamique (si vous ne vous souvenez pas comment faire, vous pouvez aller à la section 4.1).

Pour la stratégie de négociation par paire, vous pouvez calculer le z-score en utilisant la différence de logarithme. Il s'agit d'un choix personnel.

Maintenant que nous avons le z-score, nous devons définir les signaux longs et courts. Il y a plusieurs façons de le faire. L'une d'entre elles consiste à entrer en position lorsque nous dépassons un seuil d'écart type et à sortir des positions à la moyenne de l'écart.

La figure 7.4 montre la dispersion de la figure 7.3 avec l'écart type et la moyenne des valeurs. Le cercle vert représente une position short pour la série temporelle 1 et une position longue pour la série temporelle 2. En effet, l'écart est de ts1 moins ts2. Il faut une baisse de la série temporelle 1 ou une hausse de la série temporelle 2, pour revenir à la moyenne du spread. Le cercle rouge représente l'inverse pour les positions car le spread est négatif. On rentre toujours donc dans deux positions simultanément, une long et une short en fonction du signal (qui est calculé avec la différence entre la ts1 et la ts2).

Figure 7.4 : Écart du signal par rapport à la moyenne avec seuils d'écart-type

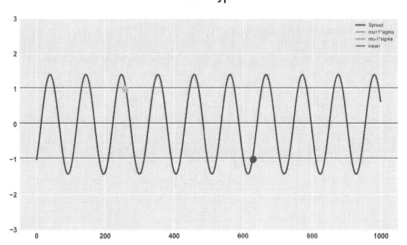

 Il est essentiel d'entrer en position lorsque le spread franchit le seuil une deuxième fois (retour à la moyenne) et pas avant car le spread peut continuer à augmenter la première fois (lors de l'éloignement par rapport à la moyenne).

7.2.2. Applications

Dans cette partie, nous allons calculer une stratégie de trading de paires. Tout d'abord, nous allons utiliser une fonction pour trouver les paires cointégrées et la corrélation entre les deux actifs afin de choisir la meilleure paire.

Nous avons une liste de 10 monnaies, et nous devons trouver toutes les combinaisons de 2 monnaies parmi ces dix monnaies. Pour trouver le nombre de combinaisons, nous pouvons utiliser la formule suivante:

$$C_r^n = \frac{n!}{r!\,(n-r)!}$$

Où n est le nombre d'éléments et r le nombre d'éléments que l'on choisit par combinaison. Ici $r=2$ et $n = 10$ car pour chaque combinaison nous choisissons 2 éléments parmis les 10.

 n ! est le produit de tous les nombres de 1 à n. Par exemple, $10! = 1*2*3*4*5*6*7*8*9*10$. On l'appelle la factorielle.

Une fois que nous savons que nous aurons 45 combinaisons possibles, nous les calculons dans une liste avec le code 7.2.

Code 7.2 : Trouver les combinaisons

```
# Nous devons trouver le nombre de combinaisons de 2 par 10
# 10 ! / (2!*8 !) = 451

# Initialize the variables
nbc = 0
list_com = []

while nbc <45:
  # Take the assetes for the pair randomly
  c1 = np.random.choice(currencies)
  c2 = np.random.choice(currencies) 2

  # Add the list of the two asset
  if c1 != c2 and [c1, c2] not in list_com and [c2, c1] not in
list_com:
    list_com.append([c1,c2])
    nbc+=1 3
```

1   Nous pouvons calculer la factorielle en utilisant *np.math.factorial(n)*.

2   *np.random.choice()* prend une valeur de la liste au hasard.

3   Ajoutez 1 au nombre de paires pour arrêter la boucle lorsque nbc=45.

On vérifie si [c1,c2] et [c2,c1] ne sont pas dans la liste des combinaisons car il s'agit de la même paire. Exemple : (EUR/USD, USD/AUD) = (USD/AUD, EUR/USD).

Maintenant, nous avons différentes possibilités de combinaisons. Nous devons calculer la cointégration et la corrélation entre les deux actifs de chaque paire. Nous allons utiliser la fonction de cointégration précédente pour le faire. Nous pouvons voir dans le code 7.3 comment calculer efficacement ces métriques pour chaque paire.

Code 7.3 : Calcul de la corrélation et du test de cointégration

```python
# Initialize the storage variable for all row
resume = []
for com in list_com:
    # Initialize the list
    row = []

    # Add the name of the assets in the list
    row.extend(com)

    # Add the result of the cointegration test
    row.append(cointegration(train_set[com[0]].values,
train_set[com[1]].values))

    # Add the results of the correlation
    row.append(train_set[com].pct_change(1).corr().values[0][1])

    # Add each row to make a list of lists
    resume.append(row)

# Create a dataframe to a better visualization
sum = pd.DataFrame(resume,columns=["Asset1", "Asset2",
      "Cointegration", "Cor"])

# Filtered the row by the cointegred pair
sum.loc[sum["Cointegration"] == "Cointegration"]
```

Nous allons utiliser la structure de liste de liste car elle ne dépend pas du nombre de paires. Ainsi, nous pouvons appliquer ce code à n'importe quelle liste de paires.

Figure 7.5 : Récapitulatif des métriques pour chaque paire

Actif 1	Actif 2	Cointégration	Corrélation
NZDUSD	AUDNZD	Vrai	-0.27
AUDNZD	EURUSD	Vrai	-0.01
USDCHF	EURUSD	Vrai	-0.55
EURAUD	USDCHF	Vrai	-0.15

Dans cette figure, nous pouvons voir les paires cointégrées des 45 combinaisons possibles.

Instinctivement, plus la corrélation entre le rendement de l'actif est proche de -1, plus la stratégie sera efficace, car nous prenons des positions inverses. Alors que (USDCHF, EURUSD) et (NZDUSD, AUDZND) ne prennent aucune position avec cette stratégie (vous pouvez vérifier avec le code). Donc, nous prenons la paire (EURAUD, USDCHF). Nous pouvons voir le résultat de la stratégie dans la figure 7.6.

Figure 7.6 : Performance de la stratégie sur (EUR/AUD,USD/CHF

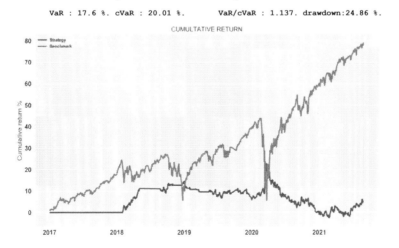

131

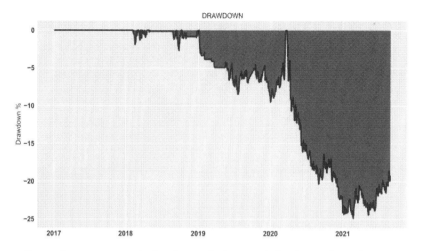

Cette figure montre le backtest de la stratégie de trading de paires sur EURAUD USDCHF. Le backtest n'est pas passionnant car les rendements cumulés ne sont pas très élevés. Nous avons un petit ratio de Sharpe ; surtout, le drawdown ne cesse de croître pendant 3 ans.

Le trading de paires repose sur une hypothèse importante, à savoir que la situation du marché ne doit pas changer. Cependant, la crise corona a provoqué un déséquilibre considérable du marché, qui n'est pas revenu à l'équilibre rapidement.

Résumé

- L'arbitrage statistique consiste à tirer profit du marché financier sans risque en raison d'un déséquilibre du marché.

- Une série chronologique est stationnaire lorsqu'elle est plate autour de la moyenne, sans tendance et avec une variance temporelle constante.

- La cointégration est utile en finance pour créer une série temporelle stationnaire à partir de deux séries temporelles non stationnaires.

Application Live Trading et Screener

Ce code est basé sur la classe créée dans l'annexe : MetaTrader

Code 7.7 : Application Trading / Screener pour Pair trading

```python
import warnings
warnings.filterwarnings("ignore")
from MT5 import *
import numpy as np
import time


def pair_trading(ts1_symbol, ts2_symbol, pair=1):
    mt5.initialize()


    #Import the data
    ts1_data = MT5.get_data(ts1_symbol, 3500)["close"]
    ts2_data = MT5.get_data(ts2_symbol, 3500)["close"]
    train_set = pd.concat((ts1_data, ts2_data), axis=1).dropna()
    train_set.columns = [ts1_symbol, ts2_symbol]


    train_set["spread"] = train_set[ts1_symbol]-train_set[ts2_symbol]


    train_set["z-score"] = (train_set["spread"] -
train_set["spread"].mean()) / train_set["spread"].std()


    std_high = train_set["z-score"].mean() + train_set["z-score"].std()
    std_low = train_set["z-score"].mean() - train_set["z-score"].std()
    mean = train_set["z-score"].mean()


    # Yersteday
    yts1 = train_set[ts1_symbol].values[-2]
    yts2 = train_set[ts2_symbol].values[-2]


    #Today
    pts1 = train_set[ts1_symbol].values[-1]
    pts2 = train_set[ts2_symbol].values[-1]
```

```python
    # Today data
    spread = pts1 - pts2
    zscore = (spread-train_set["spread"].mean())/train_set["spread"]
.std()


    # Yersteday
    yspread = yts1 - yts2
    yzscore = (yspread-train_set["spread"].mean())/train_set["spread"]
.std()



    # TS1
    short_ts1 = False
    long_ts1 = False


    if zscore < std_high and yzscore > std_high:
        short_ts1 = True
        long_ts1 = False


    elif zscore > std_low and yzscore < std_low:
        short_ts1 = False
        long_ts1 = True


    else:
        pass


    #TS2
    short_ts2 = False
    long_ts2 = False


    if zscore < std_high and yzscore > std_high:
        short_ts2 = False
        long_ts2 = True


    elif zscore > std_low and yzscore < std_low:
        short_ts2 = True
        long_ts2 = False
```

```python
        else:
            pass


        # Positions
        if pair == 1:

            buy, sell = long_ts1, short_ts1


        else:

            buy, sell = long_ts2, short_ts2


        return buy, sell


# True = Live Trading and False = Screener
live = True



if live:
    current_account_info = mt5.account_info()
    print("----------------------------------------------------------------")
    print("Date: ", datetime.now().strftime("%Y-%m-%d %H:%M:%S"))
    print(f"Balance: {current_account_info.balance} USD, \t"
          f"Equity: {current_account_info.equity} USD, \t"
          f"Profit: {current_account_info.profit} USD")
    print("----------------------------------------------------------------")



# Initialize the inputs
symbols = ["EURUSD", "EURGBP"]
lots = [0.01, 0.01]
pairs = [1,2]



start = datetime.now().strftime("%H:%M:%S") #"23:59:59"
while True:
    # Verfication for launch
    if datetime.now().weekday() not in (5,1):
        is_time = datetime.now().strftime("%H:%M:%S") == start
    else:
```

135

```
        is_time = False


# Launch the algorithm

if is_time:

    for symbol, lot, pair in zip(symbols, lots, pairs):


        # Create the signals
        buy, sell = pair_trading(symbols[0], symbols[1], pair=pair)


        # Run the algorithm
        if live:
            MT5.run(symbol, buy, sell,lot)


        else:
            print(f"Symbol: {symbol}\t"
                  f"Buy: {buy}\t"
                  f"Sell: {sell}")
    time.sleep(1)
```

 Le paramètre live définit le mode de trading : live trading (live = True) ou le mode screener (live = False).

Chapitre 8 : Modèle de moyenne mobile autorégressive (ARMA)

Dans ce chapitre, nous allons expliquer comment fonctionne le modèle ARMAs. Dans la première section, nous explorerons les concepts de séries temporelles. Ensuite, nous expliquerons le modèle AR et le modèle MA. Enfin, nous expliquerons le modèle ARMA et ses dérivés.

8.1. Les bases des séries temporelles

Cette section explique certaines conditions préalables au concept de série chronologique[10] . Nous expliquerons l'idée de tendances, de cycles et de saisonnalité. Ensuite, nous expliquerons certains concepts intéressants sur les différentes manières de calculer les rendements. Enfin, nous expliquerons le modèle prédictif le plus facile à comprendre : la régression linéaire.

8.1.1. Tendance, cycle, saisonnalité

Les séries chronologiques comportent trois concepts essentiels : la tendance, le cycle et la saisonnalité. Commençons par le plus simple. La tendance est un comportement à long terme suivi par la série temporelle. Nous pouvons en voir un exemple dans la figure 8.1.

Figure 8.1 : Tendance du cours de l'action Google (2007 à 2021)

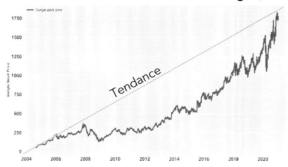

---

[10] **Lecture supplémentaire :** What Is a Time Series? Adam Hayes

Cette figure montre une tendance exponentielle à la hausse du cours de l'action Google de 2007 à 2021. En effet, nous pouvons voir que le prix de l'action augmente même s'il y a des légères périodes de baisse.

Il existe également la possibilité d'une tendance à la baisse du cours d'une action, mais elle n'est intéressante que si nous pouvons vendre l'action à découvert.

Parlons maintenant du cycle des séries temporelles. Pour expliquer cela, nous allons créer une série temporelle fictive pour mettre en évidence certains points. Une série temporelle est cyclique s'il existe un schéma répété sur le prix avec un temps non déterminé entre deux répétitions de ce comportement. Voyons un exemple à la figure 8.2.

Figure 8.2 : Série chronologique cyclique

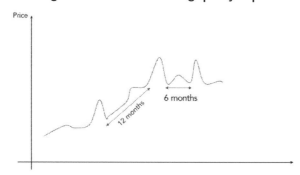

Nous voyons que le même comportement s'applique parfois mais avec un temps non déterminé entre chaque répétition.

Voyons maintenant comment trouver une série chronologique saisonnière. La saisonnalité est comme la cyclicité, mais nous parlons de saisonnalité lorsque le temps entre chaque répétition est toujours le même. Voyons la différence entre ces deux concepts dans la figure 8.3.

138

Figure 8.3 : Série chronologique saisonnière

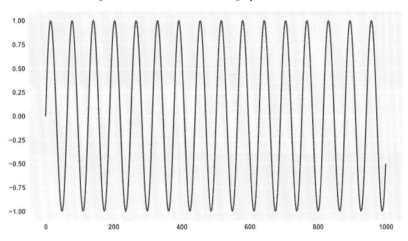

Dans cette figure, nous pouvons voir le même temps entre deux répétitions du comportement. Il s'agit donc d'une série temporelle saisonnière.

8.1.2. Propriétés du prix logarithmique

Avant d'aller plus loin, nous devons apprendre quelques propriétés du prix logarithmique. Nous utilisons parfois le prix logarithmique car il nous permet de mieux comprendre la variation du rendement. Supposons que nous voulions trouver la meilleure période de rentabilité (pour l'action Google). Dans ce cas, nous allons vérifier le prix de Google et essayer de voir la meilleure augmentation sur un graphique. Cependant, le prix d'une action est une valeur absolue, et il ne met pas en évidence l'évolution relative de l'action. Expliquons cela à l'aide de l'exemple de la figure 8.4.

Le choix entre les rendements et les rendements logarithmiques est un choix personnel, mais je teste presque toujours les deux pour optimiser mes algorithmes.

139

Figure 8.4 : Prix logarithmique et prix du cours de l'action Google

Prix absolu de l'action

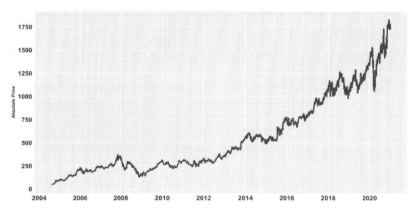

Log du cours de l'action

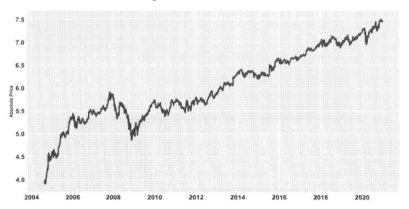

Cette figure montre que la période de 2005 à 2008 est meilleure pour une stratégie long-only que la période de 2017 à 2020 grâce au graphique du prix logarithmique car il réajuste l'échelle des ordonnées.

8.1.3. La régression linéaire

Dans cette sous-section, nous allons créer un modèle de régression linéaire. Nous allons expliquer le fonctionnement de la régression linéaire car ce concept est nécessaire pour comprendre les modèles ARMAs.

La régression linéaire est un algorithme de prédiction. L'objectif de cet algorithme est de nous permettre de prédire certaines données. Par exemple, supposons que nous connaissions la relation entre l'or et le S&P 500. Nous pouvons utiliser la régression linéaire pour prédire le cours de l'action S&P 500 à partir du cours de l'or.

Voyons comment calculer une régression linéaire à l'aide d'un problème d'optimisation et expliquons plus en profondeur l'intuition à l'aide de la figure 8.5.

$$min_\beta \sum (\tilde{y}_i - y_i)^2$$

Où $\tilde{y}_i$ est la valeur prédite, y_i la valeur réelle et β sont les paramètres du modèle.

L'intuition de la régression linéaire peut être reprise par un algorithme qui tente de trouver la meilleure façon de minimiser la distance entre les valeurs prédites et réelles.

Figure 8.5 : intuition de la régression linéaire

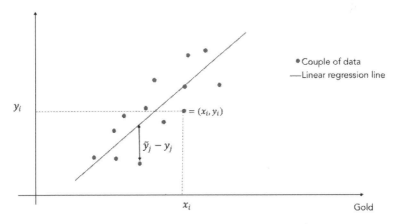

Cette figure montre comment fonctionne la régression linéaire avec un modèle qui prend l'or et prédit le prix du S&P 500. Les observation sont les points et ils vont nous permettre de créer la droite de régression qui prédit les valeurs.

Il est important de comprendre que pour un ensemble de données X qui comporte m lignes et n colonnes $\tilde{y}_i = \beta_0 + \beta_1 x_{i,1} + \cdots + \beta_n x_{i,n}$. Ainsi, dans notre exemple avec le S&P 500 et l'or $\tilde{y}_i = \beta_0 + \beta_1\, gold\, price_i$ (β_0 à β_n sont les paramètres du modèle).

8.2. Modèles AR et MA

Dans cette section, nous allons apprendre deux algorithmes prédictifs pratiques : le modèle autorégressif (AR) et le modèle de moyenne mobile (MA).

8.2.1. Modèle autorégressif (AR)

L'intuition derrière le modèle autorégressif est simple. Il s'agit d'une régression linéaire mais qui utilise la valeur précédente de l'action pour prédire la valeur d'aujourd'hui ou de demain.

Par exemple, si nous reprenons le modèle avec le S&P 500 et l'or, nous prédisons le S&P 500 en utilisant l'or dans la régression linéaire. Maintenant, nous allons prédire le S&P 500 au temps t en utilisant le S&P 500 au temps t-1, ce qui peut être étendu au S&P 500 au temps t-p. Voyons l'équation du modèle AR(p), où p est le nombre de données précédentes que vous prenez.

$$AR(1)\!: SP500_t = \emptyset_0 + \emptyset_1 SP500_{t-1}$$

$$AR(p)\!: SP500_t = \emptyset_0 + \emptyset_1 SP500_{t-1} + \cdots + \emptyset_p SP500_{t-p}$$

Où $\emptyset_0$ à $\emptyset_p$ sont les paramètres du modèle et chaque paramètre doit avoir une valeur comprise entre 0 et 1.

Voyons maintenant comment réaliser un modèle AR en utilisant Python sur la devise EURUSD.

Code 8.1 : Mise en œuvre du modèle AR

```
def AR_predict_value(train_set) :
```

```python
""" Fonction permettant de prédire la valeur de demain à l'aide
d'un modèle AR """

    # Define model
    p = 1
    model = ARIMA(train_set, order=(p, 0, 0))

    # Fit the model
    model_fit = model.fit(disp=0)

    # Make forecast
    forecast = model_fit.forecast()
```
1

```python
    return forecast[0][0]
def AR(df,returns=True):
    """ Function to predict the test set with a AR model """

    # Find the split
    split = int(len(df)*0.70)

    # Predict the price using AR function
    df['predicted_value'] = df['Adj Close'].rolling(split).\
apply(AR_predict_value)
```
2

```python
    # Compute the returns and the signal of the asset
    if returns:
        df['returns'] = df['Adj Close']
```
3
```python
        df['signal'] = np.where(df.predicted_value > 0, 1, -1)
```
4
```python
    else:
        df['returns'] = df['Adj Close'].pct_change(1)
```
5
```python
        df['signal']  =  np.where(df.predicted_value  >  df['Adj
Close'], 1, -1)
```
6
```python
    # compute strategy returns
    df['strategy'] = df.signal.shift(1) * df.returns
```
7

```python
    return df
```

1   Prévoyez la prochaine valeur en utilisant le modèle ajusté.

143

2   Appliquer une fonction sur un ensemble de données dynamique en utilisant *rolling()* de pandas.

3   Si nous utilisons les rendements pour ajuster le modèle, la colonne " returns " est égale à la colonne "Adj Close".

4   Si le rendement prévu est positif, nous sommes en position long, et s'il est négatif, nous sommes en position short.

5   Calculez le pourcentage de rendement de l'actif car "Adj Close" est le prix absolu de l'actif.

6   Créez le signal en utilisant la condition suivante : si la valeur prédite est inférieure ou supérieur à 0, demain nous prendrons une position à l'achat ou à la vente en conséquence.

7   Calculez les rendements de la stratégie comme le signal d'hier multiplié par les rendements d'aujourd'hui.

 Dans la fonction AR, nous avons eu un paramètre return=True. Cela nous permet de travailler avec les rendements ou les prix absolus.

À présent, nous pouvons répondre à la question suivante : Pourquoi un modèle AR avec les rendements est meilleur qu'un AR avec les prix ? La réponse nécessite quelques connaissances du chapitre précédent. En effet, il est préférable de travailler avec les rendements plutôt qu'avec le prix des actifs car nous avons besoin de données stationnaires (voir section 7.1).

Habituellement, avec le modèle AR ou ARMA, nous utilisons les méthodes de différenciation pour transformer les données (pt - pt-1). Pourtant, il est difficile pour nous d'utiliser ces données car, en finance, nous ne voulons pas seulement prédire une valeur, nous voulons créer une stratégie avec cette valeur, et nous avons besoin du pourcentage de variation pour calculer les rendements de la stratégie. Il peut être fastidieux de calculer les rendements en utilisant différentes étapes alors qu'une fonction existe pour le faire plus simplement.

En finance, il est préférable d'utiliser les rendements pour avoir des données stationnaires car il sera plus facile de calculer les rendements de la stratégie, mais aussi de comparer les actifs entre eux.

Dans le code 8.1, nous pouvons voir que le p du modèle AR est fixé à 1 (nombre de retards pour le modèle autorégressif). Mais pourquoi pas 3, 8 ou 10 ? Il existe plusieurs façons de trouver la meilleure valeur pour p. La première consiste à calcuer l'erreur du modèle en utilisant MSE ou MAE (confer section 1.1) pour p de 1 à 15, par exemple, et de choisir l'erreur la plus faible. Cependant, le calcul de tous les modèles peut être très long.

L'autre moyen consiste à utiliser un graphique d'autocorrélation partielle pour trouver le meilleur nombre théorique de retards. Néanmoins, qu'est-ce que l'autocorrélation partielle ? Une autocorrélation partielle résume la relation entre une observation dans une série temporelle avec les observations précédentes, en ayant SUPPRIMÉ les relations des observations intermédiaires.

Voyons comment interpréter un graphique d'autocorrélation partielle (vous trouverez le code pour le faire dans le Notebook associé au chapitre) dans la figure 8.6.

Figure 8.6 : Graphique d'autocorrélation partielle

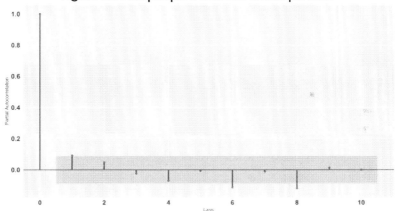

Nous voyons le graphique d'autocorrélation des rendements de l'EURUSD. La zone bleue est l'intervalle dans lequel l'autocorrélation partielle n'est pas significative, ce qui signifie que tous les lags supérieurs ou inférieurs au bleu sont significatifs. Ainsi, nous pouvons voir que les lags 1, 6 et 8 sont significatifs et ont de meilleurs résultats. Nous devons choisir un AR(8) pour estimer le modèle EURUSD de manière théorique.

En finance, nous prenons toujours un petit retard (lag) pour éviter l'overfitting de l'algorithme. Un décalage maximal de 3 peut être une bonne idée car si nous prenons plusieurs décalages, par exemple 150, le modèle sera parfait sur les données d'entraînement et inutilisable sur l'ensemble de test.

Parlons maintenant des performances de la stratégie avec le modèle AR. Dans la figure 8.7, nous pouvons voir les rendements cumulés d'une méthode utilisant le modèle AR sur EURUSD. Nous pourrions dire que le modèle fonctionne assez bien car, en 1 an, il a fait 8% de rendement même s'il y'avait un risque élevé. En effet, il est mis en évidence pourquoi la stratégie n'a pas fonctionné pendant la crise corona.

Pendant la crise du corona virus, la situation du marché était différente de la normale. Cependant, le modèle AR est un algorithme prédictif qui utilise les données passées pour « prédire » le futur (algorithme régresseur). Ainsi, les données d'entraînement peuvent avoir des propriétés très différentes des données de test, il y'a donc toujours un risque d'erreur.

Figure 8.7 : Backtest du modèle AR sur l'EURUSD

```
Bêta : -0.021 Alpha : -1.13 %.  Sharpe : -0.211 Sortino : -0.313
--------------------------------------------------------------------------
VaR : 16,21 % cVaR : 18,34 % VaR/cVaR : 1,131 drawdown : 10.36 %
```

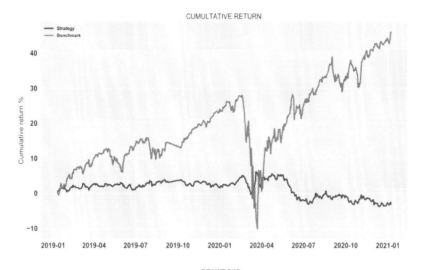

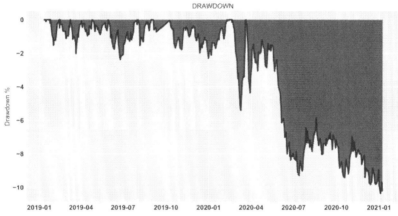

La figure montre que le backtest de la stratégie n'est pas bon. En effet, l'alpha, le Sharpe et le Sortino sont négatifs. En revanche, nous constatons une bonne capacité à prédire le rendement avant la crise corona, même si elle n'est pas excellente. Depuis la crise corona, le drawdown a une croissance constante. Ainsi, la stratégie n'est pas bonne. Nous devons chercher un autre actif avec une autocorrélation partielle plus élevée.

8.2.2. Modèle de moyenne mobile (MA)

Parlons maintenant du modèle de moyenne mobile. Ce modèle n'utilisera pas la moyenne mobile comme son nom l'indique mais l'erreur passée du modèle. C'est une partie essentielle du modèle ARMA car il nous permet d'apprendre non pas à partir de la valeur du train set mais de l'erreur de l'algorithme. Voyons comment le modèle MA fonctionne avec son équation :

$$MA(1):\ SP500_t = \theta_0 + \theta_1\varepsilon_{t-1}$$

$$MA(q):SP500_t = \theta_0 + \theta_1\varepsilon_{t-1} + \cdots + \theta_q\varepsilon_{t-q}$$

Où θ_0 à θ_q sont les paramètres des modèles et $\varepsilon_i = y\,real_i - y\,predict_i$.

Code 8.2 : Implémentation de la moyenne mobile (MA)

```python
def MA_predict_value(train_set) :
    """ Fonction permettant de prédire la valeur de demain en
 utilisant le modèle AR """

    # Define model
    q = 1
    model = ARIMA(train_set, order=(0, 0, q)) 1

    # Fit the model
    model_fit = model.fit(disp=0)

    # Make forecast
    forecast = model_fit.forecast()

    return forecast[0][0]



 def MA(df,returns=True):
    """ Function to predict the test set with a MA model """

    # Find the split
    split = int(len(df)*0.70)

    # Predict the price using AR function
    df['predicted_value'] = df['Adj Close'].rolling(split).\
 apply(MA_predict_value)
```

```
# Compute the returns of the asset

if returns:

    df['returns'] = df['Adj Close']

    df['signal'] = np.where(df.predicted_value > 0, 1, -1)

else:

    df['returns'] = df['Adj Close'].pct_change(1)

    df['signal']  =  np.where(df.predicted_value  >  df['Adj
Close'], 1, -1)


df['strategy'] = df.signal.shift(1) * df.returns


return df
```

1   La seule différence entre les modèles AR et MA réside dans les
paramètres de la fonction ARIMA de StatModels.

Pour calculer le modèle de moyenne mobile (MA), nous
avons utilisé la même fonction que le modèle AR, la
fonction ARIMA de statsmodels. Cependant, il y a une
différence de paramètres dans la fonction, donc cette
fonction sera mieux expliquée dans la section suivante.

Comment choisir le q ? Nous pouvons également utiliser la technique
qui teste tous les q de 1 à 20 pour voir lequel a l'erreur la plus faible
sur le jeu d'entraînement. Alternativement, nous pouvons choisir la
même méthode que l'autocorrélation partielle mais en utilisant
l'autocorrélation absolue. Voyons le graphique d'autocorrélation des
rendements de l'EURUSD dans la figure 8.8.

Figure 8.8 : Graphique d'autocorrélation pour les rendements de l'EURUSD

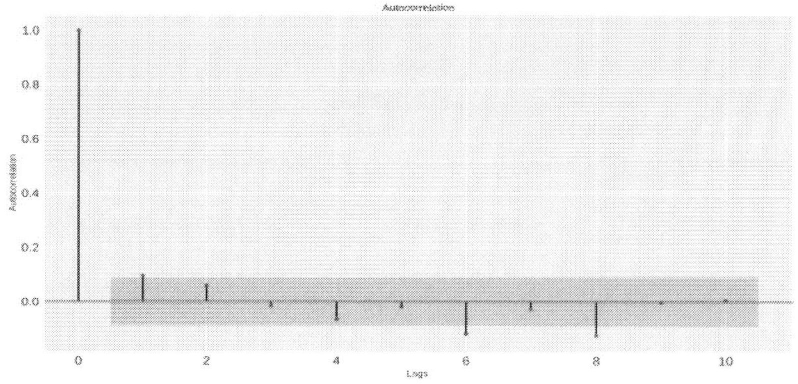

Nous voyons que l'autocorrélation est non significative du lag 1 au lag 10 sauf pour les lags 6 et 8, mais elle est minime.

Nous choisissons de prendre un retard de 1 pour ce modèle car il n'y a pas d'autocorrélation. Dans la figure 8.9, nous pouvons voir le rendement du MA(1), qui est très similaire au AR(1). Cependant, il y a une perte plus faible que le AR(1) pendant la crise du corona car l'erreur de la veille lui convient.

 Lorsqu'il n'y a pas d'autocorrélation partielle ou d'autocorrélation significative, il est conseillé de ne pas utiliser un modèle AR ou MA. En effet, parfois, ne rien faire est la meilleure action.

Figure 8.9 : Backtest du modèle MA sur EURUSD

```
Bêta : -0.017.  Alpha : 0.68 % Sharpe : 0.167 Sortino : 0.259
-------------------------------------------------------------------------
VaR : 13,76 % cVaR : 15,92 % VaR/cVaR : 1,157 drawdown : 8.01 %
```

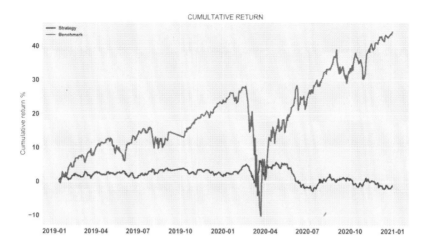

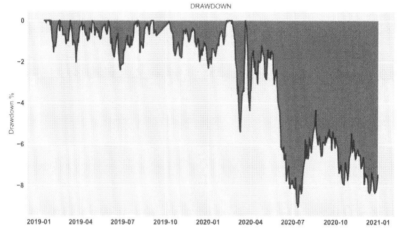

Les ratios alpha, Sharpe et Sortino sont positifs. Cependant, comme pour la stratégie précédente, la stratégie ne fonctionne plus après la crise du Corona. L'excellent point est que le cVaR est égal à 16%, donc nous ne devrions pas perdre plus de 16% en un an.

8.3. Modèles ARMA

Cette section explique le modèle ARMA[11] , qui combine les modèles MA et AR. Ensuite, nous répondrons à l'un des plus grands problèmes du modèle ARMA : comment utiliser un modèle ARMA sur des données non stationnaires ?

---

[11] **Lecture supplémentaire** : Autoregressive–moving-average model, Wikipedia

8.3.1. Modèle ARMA

Nous allons expliquer le modèle ARMA (autoregressive moving average) dans cette partie. Ce modèle est une combinaison du modèle AR et du modèle MA présentés précédemment.

Ce modèle est la combinaison de l'équation AR et de l'équation MA. Ainsi, un modèle ARMA a deux paramètres, q et p. Le paramètre q est le nombre de retards pour la partie moyenne mobile, et p est pour la partie autorégressive.

$$ARMA(1,1): y_t = \emptyset_0 + \theta_0 + \emptyset_1 y_{t-1} + \theta_1 \varepsilon_{t-1}$$

$$ARMA(p,q): y_t = \emptyset_0 + \theta_0 + \emptyset_1 y_{t-1} + \theta_1 \varepsilon_{t-1} + \cdots + \emptyset_p y_{t-p} + \theta_q \varepsilon_{t-q}$$

Où θ_0 à θ_q sont les paramètres de la partie MA, $\varepsilon_i = y\,real_i - y\,predict_i$, $\emptyset_0$ à $\emptyset_p$ sont les paramètres de la partie AR et chaque paramètre doit avoir une valeur comprise entre 0 et 1.

> N'oubliez pas que les données doivent être stationnaires lorsque vous utilisez un modèle ARMA.

Code 8.4 : Mise en œuvre du modèle ARMA

```
def ARMA_predict_value(train_set) :
    """ Fonction permettant de prédire la valeur de demain à l'aide
 d'un modèle AR """

    # Define model
    p = 1
    q = 1
    model = ARIMA(train_set, order=(p, 0, q)) 1

    # Fit the model
    model_fit = model.fit(disp=0)

    # Make forecast
    forecast = model_fit.forecast()
```

```python
        return forecast[0][0]


def ARMA(df,returns=True):
    """ Function to predict the test set with a ARMA model """

    # Find the split
    split = int(len(df)*0.70)

    # Predict the price using AR function
    df['predicted_value'] = df['Adj Close'].rolling(split).\
apply(ARMA_predict_value)

    # Shift the predicted price by 1 period
    df['predicted_value'] = df['predicted_value'].shift(1)

    # Compute the returns of the asset
    if returns:
        df['returns'] = df['Adj Close']
        df['signal'] = np.where(df.predicted_value > 0, 1, -1)
    else:
        df['returns'] = df['Adj Close'].pct_change(1)
        df['signal']  =  np.where(df.predicted_value  >  df['Adj
Close'], 1, -1)

    df['strategy'] = df.signal.shift(1) * df.returns

    return df
```

1   La seule différence entre les modèles précédents réside dans les
    paramètres de la fonction ARIMA de StatModels. Maintenant, elle
    combine les paramètres AR et MA.

 Maintenant, vous comprenez deux des trois paramètres
de la fonction ARIMA, le p du modèle AR et le q du
modèle MA.

Figure 8.10 : Backtest du modèle ARMA sur l'EURUSD

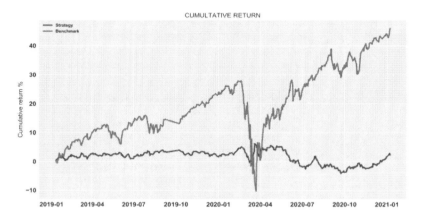

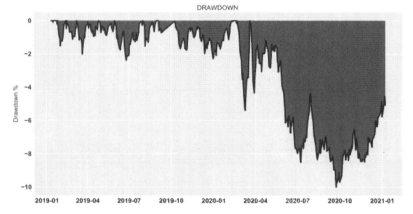

Le modèle ARMA a été une combinaison de deux modèles perdants sur ces données. Il est donc normal d'avoir des mauvais résultats.

8.3.2. Modèle ARIMA

Nous avons vu suffisamment de modèles ARMA dans ce chapitre. Cependant, nous devons comprendre le paramètre d du modèle ARIMA. Si vous vous souvenez bien de la section précédente, nous avons vu que les données doivent être stationnaires pour utiliser le modèle ARMA.

Cependant, en finance, la plupart du temps, les séries ne sont pas stationnaires. Nous devons donc transformer les données en une série temporelle stationnaire. La différenciation est simplement la variation du prix t-1 au prix. La fonction ARIMA nous permet de différer avec le paramètre d. Habituellement, avec les séries chronologiques financières, d=1 si nous ajustons le modèle ARIMA en utilisant le prix ou d=0 si nous utilisons les rendements de l'actif.

Il est essentiel de comprendre que le modèle ARIMA est un modèle ARMA utilisant des données non stationnaires, et c'est la seule différence.

Code 8.5 : Mise en œuvre du modèle ARIMA

```
def ARIMA_predict_value(train_set) :

    """ Fonction permettant de prédire la valeur de demain à l'aide
    d'un modèle AR """

        # Define model
        p = 1
        q = 1
        d = 1
        model = ARIMA(train_set, order=(p, d, q))

        # Fit the model
        model_fit = model.fit(disp=0)

        # Make forecast
        forecast = model_fit.forecast()

        return forecast[0][0]


    def ARIMA_model(df,returns=True): 1

        """ Function to predict the test set with a ARIMA model """

        # Find the split
```

155

```
    split = int(len(df)*0.70)


    # Predict the price using AR function
    df['predicted_value'] = df['Adj Close'].rolling(split).\
apply(ARIMA_predict_value)


    # Shift the predicted price by 1 period
    df['predicted_value'] = df['predicted_value'].shift(1)


    # Compute the returns of the asset
    if returns:
        df['returns'] = df['Adj Close']
        df['signal'] = np.where(df.predicted_value > 0, 1, -1)
    else:
        df['returns'] = df['Adj Close'].pct_change(1)
        df['signal']   =   np.where(df.predicted_value   >   df['Adj
Close'], 1, -1)


    df['strategy'] = df.signal.shift(1) * df.returns


    return df
```

1   Attention : nous ne pouvons pas appeler cette fonction ARIMA car
    il y aura des interférences avec celle-ci et la fonction ARIMA de
    StatModels.

Figure 8.11 : Backtest du modèle ARIMA sur l'EURUSD

```
    Bêta : -0.016 Alpha : -0.25 % Sharpe : 0.103 Sortino : 0.16
-------------------------------------------------------------------------
    VaR : 14,16 %. cVaR : 16,43 % VaR/cVaR : 1,16 drawdown : 9.6 %
```

156

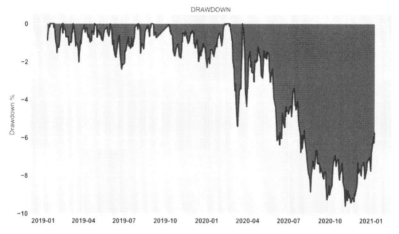

Résumé

- Les propriétés des prix logarithmiques sont fascinantes pour comprendre la variation naturelle des actifs.

- La régression linéaire trouve la ligne qui minimise la distance entre toutes les observations.

- Le modèle autorégressif est une régression linéaire des données précédentes. Nous pouvons trouver les retards optimaux en utilisant le graphique d'autocorrélation partielle.

- Le modèle de moyenne mobile utilise le terme d'erreur passé pour ajuster le modèle. Nous pouvons trouver le décalage optimal en utilisant un graphique d'autocorrélation.

- Le modèle ARMA est une combinaison des modèles AR et MA. Nous pouvons trouver les meilleurs paramètres en utilisant les mêmes critères que pour les modèles AR et MA.

- Le modèle ARMA a besoin de données stationnaires. Nous pouvons mettre le prix de l'action en variation pour l'utiliser ou utiliser le modèle ARIMA, qui nous permet d'ajouter la différenciation dans le modèle pour avoir des données stationnaires.

Application Live Trading et Screener

Ce code est basé sur la classe créée dans l'annexe : MetaTrader

Code 8.6 : Application Trading / Screener pour le modèle ARIMA

```python
from MT5 import *

import numpy as np

import pandas as pd

import warnings

warnings.filterwarnings("ignore")

from statsmodels.tsa.arima_model import ARIMA

import time


def sig_ARIMA_model(symbol):
    """ Function for predict the value of tommorow using ARIMA model"""
```

```
    train_set = MT5.get_data(symbol, 3500)["close"]


    # Define model
    p = 1
    q = 1
    d = 1
    model = ARIMA(train_set, order=(p, d, q))


    # Fit the model
    model_fit = model.fit(disp=0)


    # Make forecast
    forecast = model_fit.forecast()


    value_forecasted = forecast[0][0]
    buy = train_set.iloc[-1] < value_forecasted
    sell = not buy


    return buy, sell


# True = Live Trading and False = Screener
live = True
if live:
    current_account_info = mt5.account_info()
    print("------------------------------------------------------------")
    print("Date: ", datetime.now().strftime("%Y-%m-%d %H:%M:%S"))
    print(f"Balance: {current_account_info.balance} USD, \t"
          f"Equity: {current_account_info.equity} USD, \t"
          f"Profit: {current_account_info.profit} USD")
    print("------------------------------------------------------------")


info_order = {
    "Euro vs USdollar": ["EURUSD", 0.01]
}


start = datetime.now().strftime("%H:%M:%S")#"23:59:59"
while True:
```

159

```python
# Verfication for launch
if datetime.now().weekday() not in (5,6):
    is_time = datetime.now().strftime("%H:%M:%S") == start
else:
    is_time = False



# Launch the algorithm
if is_time:

    # Open the trades
    for asset in info_order.keys():

        # Initialize the inputs
        symbol = info_order[asset][0]
        lot = info_order[asset][1]

        # Create the signals
        buy, sell = sig_ARIMA_model(symbol)

         # Run the algorithm
        if live:
            MT5.run(symbol, buy, sell,lot)

        else:
            print(f"Symbol: {symbol}\t"
                f"Buy: {buy}\t"
                f"Sell: {sell}")
time.sleep(1)
```

Le paramètre live définit le mode de trading en live trading (live = True) ou le mode screener (live = False).

Chapitre 9 : Régression linéaire et régression logistique

Ce chapitre traite du modèle de régression. Tout d'abord, nous allons approfondir la régression linéaire simple. Ensuite, nous verrons une autre classe de modèles prédictifs, les classificateurs.

9.1. Régression et classification

Tout d'abord, dans cette section, nous allons apprendre la différence entre les modèles de régression[12] et les modèles de classification.

9.1.1. Rappel sur la régression

Dans le chapitre précédent, nous avons fait un petit résumé de la régression linéaire. Ici, nous allons rappeler et expliquer comment fonctionne la régression pour tous les algorithmes de régression.

- Tous les modèles de régression veulent prédire une valeur continue. Par exemple, si un modèle prédit le pourcentage de variation de l'actif, la prédiction sera contenue dans l'intervalle [-30% ; +30%], et elle peut prendre toutes les valeurs de cet intervalle (par exemple, 1,57%, 6,78%, 13,39%).

- Intuitivement, l'idée de la régression est de trouver un modèle qui peut être plus proche de chaque valeur d'un ensemble de données. Nous pouvons calculer la somme de la distance entre la valeur prédite $\tilde{y}_i$ et la valeur réelle y_i en utilisant l'erreur quadratique moyenne (EQM). Mathématiquement, MSE = $\sum(\tilde{y}_i - y_i)^2$

- Tous les algorithmes de régression ont leur méthode pour être optimisés. Cependant, tous peuvent être testés avec l'EQM pour déterminer s'il s'agit d'un bon modèle ou non. En comparaison,

---

[12] **Lecture supplémentaire :** : Linear Regression for Machine Learning, Jason Brownlee

la régression linéaire est la seule qui optimise l'EQM pour trouver les meilleurs paramètres.

9.1.2. Comprendre la classification

Dans cette partie, nous allons parler des modèles de classification. Pour le comprendre rapidement, nous suivrons la même ligne directrice que le rappel précédent sur la régression linéaire pour mettre en évidence les différences.

- Lorsque nous travaillons avec un algorithme de classification, la cible n'est pas une valeur continue. En effet, il s'agit d'une valeur définie. Par exemple, nous pouvons prédire si le cours de l'action va augmenter ou diminuer demain, mais pas prédire une valeur. En classification, le vecteur cible est 0 pour le jour de baisse et 1 pour le jour de hausse.

- Naturellement, la fonction d'entropie croisée est la plus courante pour trouver les meilleurs paramètres de cet algorithme. C'est un nom compliqué pour une chose simple. Cette fonction calcule le pourcentage de bonnes prédictions.

- Les métriques les plus utilisées pour comprendre les performances d'un modèle de classification sont la précision et la matrice de confusion.

Maintenant, supposons que nous ayons parfaitement compris tous ces points. Dans ce cas, nous pouvons nous demander : "Pourquoi l'entropie croisée a été utilisée pour optimiser l'algorithme de classification et pas seulement la précision." Nous utilisons la fonction d'entropie croisée pour optimiser car, dans l'optimisation, nous avons besoin d'une fonction continue comme f(x) = x. Cependant, la précision n'est pas continue, nous devons donc trouver d'autres solutions, et nous trouvons cette solution en utilisant l'entropie croisée. La fonction n'est pas importante donc pas de panique pour ceux qui ne la comprenne pas.

$$CE = -\sum_{c=1}^{M}\sum_{o=1}^{N} y_{o,c} \log\left(p_{o,c}\right)$$

Où M est le nombre de classes, N est le nombre d'observations, $y_{o,c}$ est l'observation réelle et $\log(p_{o,c})$ est l'observation de probabilité prédite. Nous approfondirons la notion de probabilité prédite plus tard dans le chapitre.

Maintenant, parlons des métriques de performance de test pour la classification. La métrique la plus connue est la précision. Elle est calculée par le nombre de prédictions vraies divisé par le nombre de prédictions.

La matrice de confusion a été présentée comme l'une des meilleures mesures de performance. Il s'agit d'une matrice comprenant les vrais positifs, les faux positifs, les faux négatifs et les vrais négatifs. Il est intéressant de comprendre dans quelle mesure l'algorithme se trompe. La figure 9.1 présente une matrice de confusion théorique.

Figure 9.1 : Matrice de confusion théorique

Réel\Prédiction	Vrai	Faux
Vrai	Vrai positif	Vrai négatif
Faux	Faux négatif	Faux positif

De plus, l'utilisation de la matrice de confusion dépend du contexte. Supposons que nous travaillons sur un algorithme de prédiction de tremblement de terre. Dans ce cas, la pire valeur est le vrai négatif, car cela signifie que nous n'avons pas prédit le tremblement de terre, mais qu'il s'est produit. Les faux positifs sont mauvais, mais pas vraiment car nous avions prévu le tremblement de terre, et il ne s'est pas produit. Supposons que le modèle prédise une augmentation du prix du cours d'une entreprise l'année suivante. Dans ce cas, les vrais négatifs sont insignifiants car nous n'investissons pas dans cette société, nous ne perdons donc pas d'argent au lieu du faux positif, qui signifie que nous avons investi dans la mauvaise société.

9.2. Régression linéaire

Dans cette section, nous allons apprendre à effectuer une régression linéaire sur le cours de l'action. Nous allons apprendre à préparer les données, à effectuer une régression linéaire et à la tester à rebours.

9.2.1. Préparation des données

Tout d'abord, nous devons importer les données. Nous avons choisi la devise EURUSD pour pouvoir comparer les performances avec celles du modèle ARIMA.

 Je ne travaille qu'avec le pourcentage de variation parce que nous n'avons pas besoin de normaliser les données dans de nombreux cas, et que les variations sont plus représentatives que le cours de l'action (nous expliquerons ce point dans la partie 9.3.1).

Dans les données, nous ajoutons une nouvelle colonne avec le prix d'hier. Ce sera la variable que nous utiliserons pour prédire le prix d'aujourd'hui. Voyons cela dans le code 9.1.

Code 9.1 : Importer les données

```
# Import the data
df = yf.download("EURUSD=X", end="2021-03-01")[["Adj Close"]].\
pct_change(1)


# Create a X
df["Adj Close t-1"] = df[["Adj Close"]].shift(1) 1


# Drop missing values
df = df.dropna()
```

1 Ajoutez un décalage pour mettre le X (rendement d'hier) et le y (rendement d'aujourd'hui) du même jour sur la même ligne.

En statistique et en apprentissage automatique, les données sont divisées en X et y : X est l'ensemble des variables que nous utilisons pour prédire la variable y. Dans notre cas, X est le rendement d'hier, et y est le rendement d'aujourd'hui. De plus, nous devons diviser un ensemble d'entraînement et un ensemble de test. Cette décomposition nous permet d'entraîner le modèle sur l'ensemble d'entraînement et de tester les performances sur des données inconnues, l'ensemble de test. Habituellement, nous utilisons 80 % des données pour l'ensemble d'entraînement et 20 % pour le test.

Code 9.2 : Création des ensembles de formation et de test

```python
# Percentage train set
split = int(0.80*len(df))


# Train set creation
X_train = df[["Adj Close t-1"]].iloc[:split]
y_train = df[["Adj Close"]].iloc[:split]


# Test set creation
X_test = df[["Adj Close t-1"]].iloc[split:]
y_test = df[["Adj Close"]].iloc[split:]
```

Vous pouvez utiliser la fonction train_test_split de scikit-learn pour faire la même chose. Assurez-vous de bien comprendre la fonction car elle comporte de nombreuses subtilités, comme la possibilité de faire un shuffle qui n'est pas bon en finance (nous ne voulons pas prédire le passé avec le futur).

9.2.2. Mise en œuvre du modèle

Dans cette partie, nous implémentons le modèle de régression linéaire. Avant de commencer le code, il est intéressant d'avoir l'équation de régression linéaire ici car c'est une équation simple (nous ne ferons pas cela avec les autres algorithmes).

$$\tilde{y}_i = \beta_0 + \beta_1 x_{i,1} + \cdots + \beta_n x_{i,n}$$

Où les β_i sont les paramètres du modèle, $x_{i,j}$ les observations de l'ensemble de données et $\tilde{y}_i$ la prédiction. Dans notre cas, l'équation est la suivante :

$$r_{EURUSD,t} = \beta_0 + \beta_1 r_{EURUSD,t-1}$$

Où $r_{EURUSD,t}$ est le rendement de l'EURUSD au moment t.

Code 9.3 : Implémentation de la régression linéaire

```
# Import the class
from sklearn.linear_model import LinearRegression
```

```
# Initialize the class
lr = LinearRegression()
```

```
# Fit the model
lr.fit(X_train, y_train)
```

1   Importez la classe *LinearRegression* de *scikit-learn*.

2   Instance de la classe (Intéressant quand on a deux modèles sur des données différentes).

3   Utilisez la commande *fit()* pour former le coefficient de la régression linéaire.

> Lorsque le modèle est entraîné, nous pouvons l'utiliser pour connaître les paramètres (uniquement pour la régression linéaire et certains autres algorithmes) et faire des prédictions.

En utilisant les commandes *lr.coef_* et *lr.intercept_*, nous pouvons trouver les paramètres de l'équation de régression linéaire :

$$r_{EURUSD,t} = 3.53e^{-05} + -0.21_1 r_{EURUSD,t-1}$$

9.2.3. Prédictions et backtest

Cette partie utilisera le modèle implémenté dans la dernière partie pour faire des prédictions et backtester la stratégie.

Nous allons utiliser la commande predict de la classe lr pour faire des prédictions. Ensuite, nous devons trouver comment coder notre stratégie. C'est simple. Nous achetons si le rendement prédit est positif et vendons s'il est négatif. Nous effectuons un backtest en utilisant la fonction du chapitre 5.

Code 9.4 : Prédictions et backtesting

```
# Create predictions for the whole dataset
df["prediction"] = lr.predict(df[["Adj Close t-1"]])1

# Compute the strategy
df["strategy"] = np.sign(df["prediction"]) * df["Adj Close"]2

# Backtest
backtest_dynamic_portfolio(df["strategy"].iloc[split:]) 3
```

1 Utilisez la commande *predict()* de la classe *lr* pour prédire les variations futures.

2 Nous n'avons pas besoin de mettre un *shift(1)* car il est mis à l'X.

3 Backtest uniquement pour les valeurs après le split (ensemble de test).

Figure 9.2 : Stratégie de backtesting créée en utilisant la régression linéaire sur l'EURUSD

```
Bêta : -0.0  Alpha : -2.33 %        Sharpe : -0.34          Sortino : -0.509
-----------------------------------------------------------------------------
VaR : 17,93 %           cVaR : 20,23 %   VaR/cVaR : 1,128   drawdown : 21.15 %
```

167

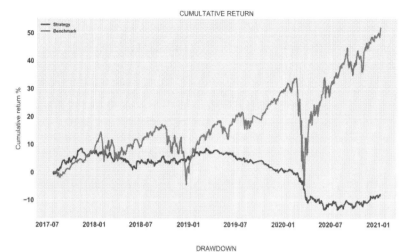

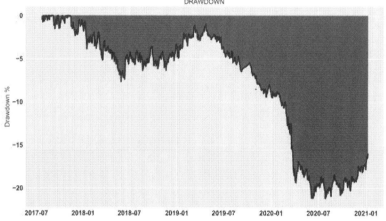

Cette figure montre que la performance est mauvaise. En effet, le ratio de Sharpe est négatif, ce qui signifie que nous perdons de l'argent si nous choisissons cette stratégie. De plus, nous perdons de l'argent dès le début : c'est facile à voir en utilisant le graphique de drawdown.

9.3. Régression logistique

Dans cette section, nous allons utiliser la régression logistique pour créer une stratégie de trading. Cependant, nous devons donner une petite explication de la régression logistique avant de commencer.

La régression logistique est mathématiquement similaire à la régression linéaire, mais avec une étape supplémentaire. Pour créer une régression logistique, nous devons utiliser une sigmoïde. La fonction sigmoïde ne renvoie que des valeurs comprises entre 0 et 1 (il y a des probabilités). Ensuite, nous avons besoin d'un seuil. Généralement, il s'agit de 50%. Si la probabilité est supérieure à 0,5, la prédiction est de 1, et elle est de 0 si elle est inférieure.

$$\tilde{y}_{i,\ continious} = \beta_0 + \beta_1 x_{i,1} + \cdots + \beta_n x_{i,n}$$

$$\tilde{y}_{i,\ categorical} = \frac{1}{1 + e^{-\tilde{y}_{i,\ continious}}}$$

Où les β_i sont les paramètres du modèle, $x_{i,j}$ les observations de l'ensemble de données, $\tilde{y}_{i,\ continious}$ la prédiction continue et $\tilde{y}_{i,\ categorical}$ la prédiction catégorielle. Reprenons ceci dans la figure 9.3.

Figure 9.3 : Explication de la régression logistique

Linear regression
prediction

Sigmoid

9.3.1. Préparation des données

Dans cette partie, nous allons préparer les données pour un algorithme de classification. C'est presque la même chose qu'un algorithme de régression. La différence est la cible qui doit être une variable catégorielle.

Il existe de nombreuses façons de traiter pour créer une variable catégorielle (ou muette). La plus utile est d'utiliser la fonction where de numpy, qui nous permet de remplacer une certaine valeur en utilisant des conditions.

Nous verrons dans la section suivante comment utiliser np.where. C'est un peu délicat lorsque nous travaillons avec des rendements boursiers. L'action a augmenté si le rendement était supérieur à 0 et diminué si le rendement était inférieur à 0. Supposons donc que nous ajoutons 0,5 à chaque valeur et que nous arrondissions à l'entier le plus proche. Dans ce cas, nous avons 1 pour la valeur catégorie des rendements haussier et 0 pour les rendements décroissants.

Code 9.5 : préparation des données pour un classificateur

```
# Percentage train set
split = int(0.75*len(df)) 1


# Train sets creation
X_train = df[["Adj Close t-1"]].iloc[:split]
y_train = np.round(df[["Adj Close"]].iloc[:split]+0.5)


# Test sets creation
X_test = df[["Adj Close t-1"]].iloc[split:]
y_test = np.round(df[["Adj Close"]].iloc[split:]+0.5)
```

1   Nous pouvons choisir 75% des données pour l'ensemble d'entraînement. La règle à respecter est que l'ensemble d'entraînement doit contenir au moins 70% et au maximum 80% des données.

9.3.2. Mise en œuvre du modèle

La classe de régression logistique provient également de la bibliothèque scikit-learn. La syntaxe est la même que pour la régression linéaire. Ainsi, nous devons initialiser la classe et l'ajuster en utilisant les données X_train et y_train.

Code 9.6 : Implémentation de la régression logistique

```
# Import the class
from sklearn.linear_model import LogisticRegression


# Initialize the class
```

```
lr = LogisticRegression()


# Train the model

lr.fit(X_train, y_train)
```

Sortie des paramètres du modèle :

```
LogisticRegression(C=1.0, class_weight=None, dual=False, fit_intercept=True,
                   intercept_scaling=1, l1_ratio=None, max_iter=100,
                   multi_class='auto', n_jobs=None, penalty='l2',
                   random_state=None, solver='lbfgs', tol=0.0001, verbose=0,
                   warm_start=False)
```

Il n'y a pas beaucoup de paramètres pour la régression linéaire. Il est donc préférable d'analyser certains paramètres de ce modèle. Il est essentiel de comprendre que chaque modèle peut être personnalisé en modifiant les paramètres des modèles. Supposons que nous créions une régression logistique sur les mêmes données. Dans ce cas, les résultats peuvent être différents si nous changeons les paramètres. Il est conseillé de consulter la documentation de la bibliothèque pour comprendre tous les paramètres. Cependant, nous allons expliquer certains paramètres essentiels :

- **fit_intercept** : il peut être vrai ou faux. Nous avons en effet un β_0 dans l'équation de régression linéaire. Si elle est fausse, nous n'avons pas de constante.

- **pénalité** : si elle est égale à 'l2', la fonction d'erreur (la fonction que nous voulons minimiser) est une MSE. Si elle est égale à 'l1', la fonction d'erreur est la MAE (erreur absolue moyenne).

- **verbose** : il peut être 0 ou 1. S'il est égal à 0, nous ne pouvons pas voir les détails de l'optimisation de l'algorithme. S'il est égal à 1, nous avons plus d'informations sur l'entraînement.

Il est intéressant de modifier certains paramètres pour améliorer votre modèle, mais si vous l'adaptez trop aux données. Le modèle sera inutilisable sur d'autres données. Ce problème est appelé overfitting, qui est très actif dans la finance en raison de la situation changeante du marché.

171

9.3.3. Prédictions et backtest

Dans cette partie, nous analysons la stratégie créée en utilisant l'algorithme de régression logistique. Il s'agira de la même chose que pour la régression linéaire, mais nous comparerons ensuite les deux algorithmes.

Code 9.6 : Prédictions de régression logistique

```
# Créer des prédictions
df["prediction"] = lr.predict(df[["Adj Close t-1"]])


# Créer les positions
df["prediction"] = np.where(df["prediction"]==0, -1, 1)


# Calculer les rendements de la stratégie
df["strategy"] = np.sign(df["prediction"]) * df["Adj Close"]
```

 Nous avons utilisé la fonction de numpy pour donner un exemple de la puissance de cette fonction.

Figure 9.4 : Rendement cumulé de la stratégie par régression logistique

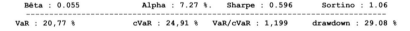

Bêta : 0.055	Alpha : 7.27 %.	Sharpe : 0.596	Sortino : 1.06
VaR : 20,77 %	cVaR : 24,91 %	VaR/cVaR : 1,199	drawdown : 29.08 %

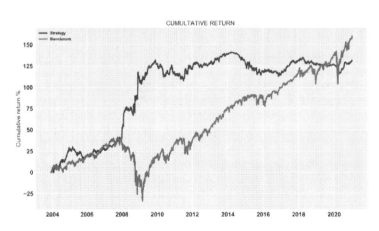

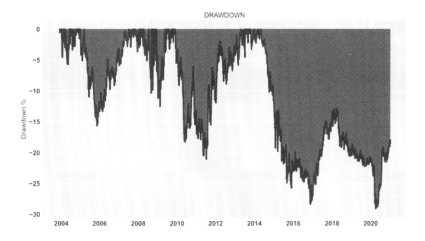

C'est un bon backtest. Nous avons de bonnes métriques mais un drawdown élevé (classique avant une combinaison de stratégies). Le point négatif est que la croissance des rendements cumulés s'est arrêtée depuis 2010. Les problèmes peuvent être résolus en réajustant le modèle est en production depuis six ans sans réajustement (pas très réaliste).

Résumé

- La régression linéaire est l'algorithme de régression le plus facile à comprendre. Elle est entraînée en utilisant l'EQM (MSE).

- La régression logistique est l'algorithme de classification dérivé de la régression linéaire. Pour trouver la classe, elle utilise la fonction sigmoïde.

- Si nous voulons trop adapter l'algorithme aux données d'entraînement, il sera inutilisable pour les données de test. Ce problème s'appelle l'overfitting.

Application Live Trading et Screener

Ce code est basé sur la classe créée dans l'annexe : MetaTrader

Code 9.7 : Application Trading / Screener pour la régression logistique

```python
import numpy as np

import numpy as np

import pandas as pd

import warnings

warnings.filterwarnings("ignore")

from sklearn.linear_model import LogisticRegression

import time

import pickle

from joblib import dump, load

import os


path = "" # Ex:
C:/Desktop/Python_for_finance_and_algorithmic_trading/ChapterN/Models




def create_model_weights(symbol):

    """ Weights for Linear regression on the percentage change"""

    # Import the data

    data = MT5.get_data(symbol, 3500)[["close"]].pct_change(1)


    # Create new variable

    data["close t-1"] = data[["close"]].shift(1)


    # Split the data

    data = data.dropna()

    split = int(0.80*len(data))


    # Train set creation

    X_train = data[["close t-1"]].iloc[:split]

    y_train = np.round(data[["close"]].iloc[:split]+0.5)


     # Create the model
```

```python
        alg = LogisticRegression()


        # Fit the model
        alg.fit(X_train, y_train)


        # Save the model
        alg_var = pickle.dumps(alg)
        alg_pickel = pickle.loads(alg_var)


        dump(alg_pickel ,os.path.join(path,f"Models/{symbol}.joblib"))




def log_reg_sig(symbol):
    """ Function for predict the value of tommorow using ARIMA model"""


    # Create the weights if there is not in the folder
    try:
        alg = load(os.path.join(path,f"Models/{symbol}.joblib"))
    except:
        create_model_weights(symbol)
        alg = load(os.path.join(path,f"Models/{symbol}.joblib"))


    # Take the lastest percentage of change
    data = MT5.get_data(symbol, 3500)[["close"]].pct_change(1)
    data["close t-1"] = data[["close"]].shift(1)


    X = data["close t-1"].iloc[-1].reshape(-1,1)



    # Find the signal
    prediction = alg.predict(X)
    prediction = np.where(prediction==0, -1, 1)
    buy = prediction[0][0] > 0
    sell = not buy
```

```python
    return buy, sell


# True = Live Trading and False = Screener
live = True



if live:

    current_account_info = mt5.account_info()

    print("-------------------------------------------------------------")

    print("Date: ", datetime.now().strftime("%Y-%m-%d %H:%M:%S"))

    print(f"Balance: {current_account_info.balance} USD, \t"

          f"Equity: {current_account_info.equity} USD, \t"

          f"Profit: {current_account_info.profit} USD")

    print("-------------------------------------------------------------")



info_order = {

    "Euro vs USdollar": ["EURUSD", 0.01]

}



start = datetime.now().strftime("%H:%M:%S")#"23:59:59"
while True:

    # Verfication for launch

    if datetime.now().weekday() not in (5,6):

        is_time = datetime.now().strftime("%H:%M:%S") == start

    else:

        is_time = False




    # Launch the algorithm

    if is_time:


        # Open the trades

        for asset in info_order.keys():

            # Initialize the inputs

            symbol = info_order[asset][0]
```

176

```python
            lot = info_order[asset][1]


        # Create the signals
        buy, sell = log_reg_sig(symbol)


         # Run the algorithm
        if live:
            MT5.run(symbol, buy, sell,lot)


        else:
            print(f"Symbol: {symbol}\t"
                  f"Buy: {buy}\t"
                  f"Sell: {sell}")
    time.sleep(1)
```

 Le paramètre live définit le mode de trading en live trading (live = True) ou le mode screener (live = False).

Partie 3 : Apprentissage automatique, apprentissage profond, live trading

Cette partie abordera la mise en œuvre des algorithmes d'apprentissage automatique les plus célèbres pour le trading : machine à vecteurs de support, arbre de décision, forêt aléatoire, etc. Nous apprendrons ensuite à créer certains des algorithmes les plus puissants : réseau neuronal profond, réseau neuronal récurrent et réseau neuronal convolutif récurrent. Enfin, nous réaliserons un projet complet en utilisant la gestion de portefeuille, les statistiques et les algorithmes d'apprentissage automatique.

Résumé :

Chapitre 10 : Features et target engineering

Chapitre 11 : Machine à vecteur de support (SVM)

Chapitre 12 : Méthodes d'ensemble et arbre de décision

Chapitre 13 : Réseau neuronal profond (DNN)

Chapitre 14 : Réseau de neurones récurrents (RNN)

Chapitre 15 : Réseau de neurones convolutifs récurrents (RCNN) *BONUS*

Chapitre 16 : Réalisation d'un projet complet dans la vie réelle

Chapitre 17 : De zéro à un robot de trading

Chapitre 10 : Features et target engineering

Les données classiques telles que OHLCV sont comme une voiture démontée, c'est-à-dire que nous ne pouvons aller nulle part. C'est pourquoi nous devons assembler la voiture : c'est l'ingénierie des caractéristiques (features engineering) pour pouvoir conduire. Pour trouver la destination, nous allons donc utiliser le target engineering (ingénierie des cibles).

10.1 Motivation et intuition

L'ingénierie des caractéristiques et des cibles est l'une des parties essentielles. Même si nous disposons de l'algorithme le plus puissant si que nous le soumettons à des données erronées, nous obtiendrons des résultats erronés.

10.1.1 Ingénierie des caractéristiques

Prenons un exemple simple pour mieux comprendre ce qu'est l'ingénierie des caractéristiques. Imaginons que nous voulions prédire le temps qu'il nous faudra pour aller d'un point A à un point B, et les seules caractéristiques dont nous disposons à cette étape sont la longitude et la latitude des deux points. Ainsi, dans notre base de données, nous avons 5 colonnes : longitude_start, latitude_strat, longitude_end, latitude_end, et travel_time.

La question est la suivante : comment pouvons-nous aider notre algorithme à mieux prédire le temps de trajet avec les données de longitude et d'attitude ? Un exemple serait de calculer la distance en kilomètres entre le point de départ et le point d'arrivée pour chaque trajet. Nous trouverons une excellente relation entre la nouvelle caractéristique (distance) et la cible (temps de trajet).

L'ingénierie des caractéristiques peut également nous permettre de trouver les meilleures caractéristiques pour notre problème en examinant la variance des caractéristiques. Cependant, ces méthodes ne sont pas pertinentes dans le domaine du trading, car nous allons soigneusement créer de nouvelles variables pour donner plus d'informations à nos algorithmes sur les tendances, les mouvements à court terme, la volatilité, etc.

La plupart des nouvelles caractéristiques en matière de trading sont des indicateurs techniques, des chiffres sur l'action des prix ou des métriques quantitatives. Voici quelques métriques qui donneront quelques idées de projets :

- **Caractéristiques quantitatives** : variation durant les N dernières périodes, corrélation mobile entre deux colonnes. Cela nous permet de comprendre la tendance à court et à long terme.

- **Les modèles d'action de prix :** Détectez certains modèles qui nous donnent des informations sur les forces à la baisse et à la hausse du marché, comme l'engulfing et le doji.

- **Les indicateurs techniques :** Ils sont très polyvalents et peuvent nous aider à comprendre la volatilité, la variation des volumes et le momentum.

Pour conclure, l'ingénierie des caractéristiques est le cœur de notre problème de prédiction de trading, car les données sont essentielles en science des données. Nous devons donc choisir les caractéristiques avec soin !

 La meilleure façon de créer de nouvelles fonctionnalités est d'ajouter votre propre expérience. Choisissez des indicateurs que vous savez être importants pour le problème.

10.1.2 Ingénierie des cibles

L'ingénierie des caractéristiques est la voiture, mais nous n'irons nulle part sans un objectif clair. C'est pourquoi nous avons besoin d'un objectif clair. Donc, nous devons faire de l'ingénierie de cible.

Il est essentiel de comprendre que les meilleures caractéristiques ne sont rien si nous ne connaissons pas la cible. En reprenant notre exemple de la voiture, si nous voulons nous rendre dans un endroit fantastique en montagne, nous devrions prendre un véhicule 4x4 plutôt qu'une voiture de course car le véhicule 4x4 est plus adapté à la cible (terrain accidenté et sinueux).

En trading, c'est la même chose ; nous ne pouvons pas créer un seul ensemble de caractéristiques pour tous nos algorithmes car l'objectif de chacun d'entre eux n'est pas le même. Ainsi, avant de créer les caractéristiques, nous devons choisir la cible. Donnons quelques exemples d'ingénierie de cible pour une meilleure compréhension :

Méthode de la triple barrière : Mise en évidence par Marco Lopez de Prado est une technique courante pour créer une variable fictive contenant -1 si nous touchons la barrière 2, 0 si nous touchons la barrière 3, et 1 si nous touchons la barrière 1(Figure 10.1). Si nous travaillons avec une position de vente, nous devons inverser les barrières 1 et 2.

Figure 10.1 : Méthode de la triple barrière avec la barrière 1 franchie

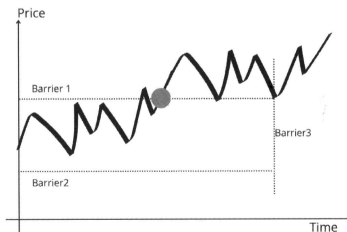

- **Seuil de variation** : on regarde les N prochaines bougies et on calcule la variation de maintenant à en N bougies pour obtenir un objectif régressif.

10.1.3 Pourquoi est-ce si important ?

Même si nous l'avons déjà dit plusieurs fois, l'ingénierie des caractéristiques et de la cible est essentielle. Ici, nous allons créer le "problème" pour définir quelle variable nous voulons prédire (la cible) en utilisant certaines caractéristiques.

Une fois que nous avons de bonnes caractéristiques, il est facile de trouver un bon modèle prédictif. Cependant, si nous n'avons pas de bonnes données, nous pouvons créer l'algorithme le plus complexe possible, mais il ne sera pas capable de prédire quelque chose.

Dans notre exemple de voiture, le modèle est comme les pneus de la voiture ; même si nous gardons nos pneus d'été en hiver, nous pouvons aller où nous voulons. Mais nous prendrons plus de temps et augmenterons le risque d'accident : donc c'est possible mais pas optimal. Donc, trouver le modèle adapté à notre problème est essentiel. Cependant, il sera facile de le trouver avec de bonnes caractéristiques et une bonne cible.

En effet, supposons que nous ayons une importation de données de mauvaise qualité. Dans ce cas, même si nous avons une ingénierie des caractéristiques parfaite, il ne sera pas facile d'obtenir de bons résultats, et il en va de même pour l'étape suivante.

De plus, comme l'ingénierie des fonctionnalités et des cibles est l'une des premières étapes d'un projet, mais non moins importante car nous passons 80% du temps d'un projet à cette étape, il est essentiel de la faire avec soin.

10.2 Application en trading

Cette section va appliquer la théorie dont nous avons parlé précédemment. Nous allons voir comment créer des caractéristiques intéressantes et des cibles pertinentes.

10.2.1 Créer des indicateurs de trading et des caractéristiques de trading utiles

Nous allons diviser cette sous-section en caractéristiques quantitatives, figures de price action et indicateurs techniques. La liste qui sera donnée n'est pas exhaustive, n'hésitez donc pas à en tester beaucoup d'autres pour trouver les meilleurs.

Caractéristiques quantitatives

N jours précédents : c'est l'une des variables les plus accessibles mais aussi l'une des plus importantes car elle nous permettra de comprendre la variation antérieure à long ou court terme en fonction des périodes que nous prenons.

Code 10.1 : Calcul de la variation du jour précédent

```
# N previous days variation
n = 10
df[f"var_{n}"] = df["Adj Close"].pct_change(n)
```

Corrélation mobile : Pour cet exemple, nous allons choisir de calculer la corrélation mobile entre les variations des 10 dernières périodes et les variations des 200 dernières périodes. Nous faisons cela pour comprendre la relation entre la tendance à long terme et le comportement à court terme. Il s'agit d'une fonctionnalité intéressante pour un algorithme d'apprentissage automatique (d'après mon expérience).

Code 10.2 : Calcul de la corrélation mobile

```
# Moving correlation
col_1 = "var_200"
col_2 = "var_10"
df["moving_correlation"] = df[col_1].rolling(50).corr(df[col_2])
```

Figures price action

Doji : en général, on dit que les doji expriment l'indécision. C'est pourquoi nous ne classons pas le doji comme un doji croissant ou un doji décroissant comme dans la figure suivante. Il est utile pour l'algorithme de comprendre quand les investisseurs sont indécis car cela peut nous indiquer la fin ou le début d'une tendance de trading.

Code 10.3 : Calcul du Doji

```
# DOJI
df["DOJI"] = ta.CDLDOJI(df["Open"], df["High"], df["Low"], df["Close"])
```

 Pour détecter le Doji, nous utilisons la bibliothèque Python TA-lib car il est toujours préférable d'utiliser une bibliothèque : vous minimiserez le risque d'erreur et optimiserez votre code.

Figure 10.2 Quelques exemples de Doji

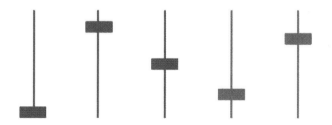

Nous pouvons voir que le signe de la bougie ne signifie rien pour le Doji car il nous donne un mouvement d'indécision.

Engulfing figure: Il existe deux modèles d'engulfing figures: l'engulfing haussier et l'engulfing baissier. Nous pouvons les voir graphiquement à la figure 10.3 et voir comment les calculer sans bibliothèque au code 10.4.

Figure 10.3 : Engulfing figures

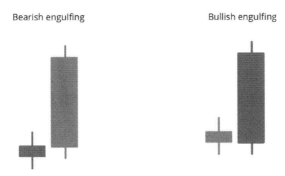

Graphiquement, on parle d'engulfing lorsque le prix de clôture de la bougie précédente est presque égal à l'ouverture de la bougie actuelle. De plus, la bougie actuelle doit être supérieure à la précédente.

Code 10.4 : Calcul de l'engulfing

```
# ENGULFING
df["candle_way"] = -1
df.loc[(df["Open"] - df["Close"]) < 0, "candle_way"] = 1


# Amplitude
df["amplitude_abs"] = np.abs(df["Close"] - df["Open"])
df["Engulfing"] = 0

df.loc[
        # Yersteday red candlestick and Today increase
        (df["candle_way"].shift(1) == -1) &\
        (df["candle_way"] == 1) &\


        # Close of the last decreasing candlestick = Open of today
    increase candlestick
        (df["Close"].shift(1) < df["Open"]*(1+0.5/100)) &\
        (df["Close"].shift(1) > df["Open"]*(1-0.5/100)) &\
```

```
        # Last decreaing candlestick is less strong than  the  Today
    increasing candlestick
        (df["amplitude_abs"].shift(1)*1.5   <   df["amplitude_abs"]),
    "Engulfing"] = 1

df.loc[
        # Yersteday green candlestick and Today decrease
        (df["candle_way"].shift(1) == 1) &\
        (df["candle_way"] == -1) &\


        # Close of the last decreasing candlestick = Open of today
    decrease candlestick
        (df["Close"].shift(1) < df["Open"]*(1+0.5/100)) &\
        (df["Close"].shift(1) > df["Open"]*(1-0.5/100)) &\


        # Last decreaing candlestick is less strong than  the  Today
    candlestick
        (df["amplitude_abs"].shift(1)*1.5   <   df["amplitude_abs"]),
    "Engulfing"] = -1
```

Comme nous pouvons le voir, cette simple figure comporte plusieurs lignes de code. C'est pourquoi il est préférable d'utiliser une bibliothèque ou de créer notre fonction si nous voulons trouver une figure spécifique.

Indicateurs techniques

Résistance : La résistance peut être calculée de différentes manières. Ce livre utilisera la valeur maximale sur les 150 dernières périodes. Le support est la même chose mais en utilisant le minimum.

Code 10.5 : Calcul de la résistance

```
# Max value in the last n days
n = 150
df["resistance"] = df["Close"].rolling(n).max()
```

L'indice de force relative (RSI) : Il nous permettra de comprendre si le marché est en surachat ou en survente. Il est donc idéal de disposer de ces caractéristiques : par exemple, combiner le RSI avec un doji permet de mieux prévoir le retracement.

186

Code 10.6 : Calcul du RSI

```
# RSI
n = 15
df["RSI"] = ta.RSI(df["Close"], timeperiod=n)
```

Pour créer des indicateurs techniques, vous pouvez utiliser TA-lib. Cette librairie vous permettra de créer près de 100 indicateurs pour vos stratégies de trading.

10.2.2 Étiquetage de la cible

Comme nous l'avons dit précédemment, les caractéristiques ne sont rien si nous ne créons pas une étiquette intéressante. Dans cette sous-section, nous allons créer des cibles de classificateur et de régresseur. Toutes les cibles seront dérivées du pourcentage de variation, mais évidemment, nous pouvons créer la cible que nous voulons ; par exemple, nous pouvons prédire une figure graphique et essayer de détecter si, après cette figure, il y a une augmentation ou une diminution du prix.

Tout d'abord, nous allons calculer la variation future sur N jours. Nous devons décaler les données pour aligner les caractéristiques et les cibles sur la même ligne, mais nous expliquerons cela plus en détail dans la section 11.1.

Code 10.7 : Futures variation de N jours

```
""" Variations des N prochains jours """
n = 1
df[f "target_var_{n}"] = df["Close"].pct_change(n).shift(n)   1
```

1   Nous mettons le *shift(n)* pour ne pas créer d'interférences dans les données (comme prédire le passé en utilisant le futur).

Une fois que nous avons cette métrique, la création d'une variable fictive pour utiliser un algorithme de classification sera facile. Par exemple, nous pouvons créer une variable fictive avec seulement 2 valeurs : -1 si le rendement futur sur N jours est négatif et 1 s'il est positif.

Code 10.8 : Variation de N jours des contrats à terme (variable muette)

```python
""" Variations des N prochains jours (fictif) """
n = 1
df[f"target_var_{n}"] = df["Close"].pct_change(n).shift(n)

df["target_dummy"] = 1
df.loc[df[f"target_var_{n}"]<0, "target_dummy"] = -1
```

Cependant, avec cette technique, il ne sera pas facile de faire des bénéfices lorsque le marché est large car la variation sera positive, mais la variation sera minimale. Donc, pour éviter ce problème, nous pouvons créer une variable muette avec trois valeurs : -1, 0, et 1.

Pour ce faire, nous allons calculer les percentiles 33 et 67. Cependant, il est essentiel de calculer les percentiles en utilisant l'ensemble d'entraînement pour ne pas créer d'interférences dans le futur (ensemble de test). Ensuite, supposons que la valeur est inférieure au percentile 33. Dans ce cas, nous la classons comme -1, si elle est entre le percentile 33 et le percentile 67 comme 0, et 1 si elle est supérieure au percentile 67.

Code 10.9 : Variation de N jours des contrats à terme (variable muette bis)

```python
""" Classifier les variations """
    # find the variations
    n = 1
    df[f"target_var_{n}"] = df["Close"].pct_change(n).shift(n)


    # Find the centile 33 and 67 on the train set
    split = int(0.80*len(df))
    centile_33                                                  =
    np.percentile(df[[f"target_var_{n}"]].iloc[:split].dropna(), 33)
    centile_67                                                  =
    np.percentile(df[f"target_var_{n}"].iloc[:split].dropna().values,
    67)

    # Dummy variable
    df["target_dummy"] = 0
```

```
df.loc[df[f"target_var_{n}"]>centile_67, "target_dummy"] = 1
df.loc[df[f"target_var_{n}"]<centile_33, "target_dummy"] = -1
```

Résumé

- Les données OHLCV sont comme une voiture démontée, il est donc nécessaire de les transformer.

- L'ingénierie des caractéristiques aide l'algorithme à mieux comprendre la relation entre les données (c'est comme assembler une voiture).

- L'étiquetage cible est la variable que nous voulons prédire (c'est là où nous voulons aller).

Chapitre 11 : Machine à vecteur de support (SVM)

Ce chapitre aborde l'un des algorithmes les plus utilisés en finance, la machine à vecteurs de support. Il est avantageux en finance car il n'a pas besoin de beaucoup de données à entraîner. Avant d'apprendre le SVM, nous ferons un point sur le prétraitement des données. Ensuite, nous apprendrons à utiliser un SVM régresseur (SVR) et un SVM classificateur (SVC).

11.1. Préparation des données

Dans cette section, nous allons préparer les données pour notre SVM[13] et récapituler ce que nous savons déjà sur la préparation des données. Ensuite, nous approfondirons le concept en expliquant la standardisation des données.

11.1.1. Ingénierie des caractéristiques

Dans cette section, nous allons récapituler rapidement la préparation des données. En effet, nous allons faire la même chose que dans les chapitres précédents. Ainsi, nous devons définir des ensembles d'entraînement et des ensembles de tests. De plus, nous allons améliorer les caractéristiques de notre modèle. Pour ce faire, nous allons ajouter quelques indicateurs techniques. Nous n'expliquerons pas les indicateurs techniques que nous ne n'utiliserons dans ce livre. Si nous voulons trouver de la documentation à ce sujet, nous pouvons la trouver sur Internet et dans des livres. Nous faisons un rappel d'ingénierie des caractéristiques ici pour bien comprendre comment l'intégrer dans notre projet.

---

[13] **Lecture complémentaire** : Machine à vecteur de support, Wikipedia

L'ingénierie des caractéristiques aide l'algorithme à trouver le meilleur modèle dans les données. Par exemple, si le prix de l'action que vous étudié à un prix qui se situe entre 50$ et 5000$, les paramètres du modèle ne peuvent pas être ajustés correctement. Au lieu de ca utilise la variation en pourcentage qui fait que tous les actifs se situent dans la même fourchette. C'est très utile pour l'algorithme.

Pour créer des indicateurs techniques, il y a deux façons. Premièrement, nous pouvons les créer nous-mêmes s'ils sont simples.

Nous pouvons également utiliser la bibliothèque d'analyse technique de Python (ta). Dans cette partie, nous allons créer nous-mêmes les indicateurs nécessaires.

Pour cet exemple, nous avons créé une moyenne des rendements et une volatilité des rendements. Ces indicateurs ne peuvent pas être trouvés dans la bibliothèque ta, nous devons donc les calculer nous-mêmes. De plus, nous avons mis deux horizons temporels sur chaque indicateur.

Code 11.1 : Ingénierie des caractéristiques

```
# Features engeeniring
df["returns t-1"] = df[["returns"]].shift(1)  1


# Mean of returns
df["mean returns 15"] = df[["returns"]].rolling(15).mean().shift(1)
df["mean returns 60"] = df[["returns"]].rolling(60).mean().shift(1)


# Volatility of returns
df["volatility returns 15"] = df[["returns"]].rolling(15).std()
.shift(1)
df["volatility returns 60"] = df[["returns"]].rolling(60).std()
.shift(1)
```

1   Cette étape est attendue car nous l'avons vue de nombreuses fois, mais le déplacement des colonnes de caractéristiques nous permet de mettre le X et le y du même jour dans la même ligne.

 N'oubliez pas d'ajouter un décalage à ces indicateurs pour ne pas interférer dans les données. Voyons pourquoi dans la figure 11.1.

Figure 11.1 : Comment éviter les interférences dans les données

Cette figure montre que si nous ne décalons pas les données, nous aurons des interférences car nous prédisons le 15e jour alors que nous avons déjà le 15e jour dans les caractéristiques. Cela ne peut pas être précis, et nous pouvons perdre beaucoup d'argent si nous faisons cette erreur.

11.1.2. Normalisation

Cette sous-section va expliquer le concept de normalisation. Nous le voyons dans le chapitre SVM car c'est un algorithme géométrique, et il est nécessaire de standardiser les données pour ces algorithmes. Néanmoins, nous pouvons appliquer cette méthode à un autre algorithme.

La standardisation permet de faire les calculs plus rapidement. Elle est donc intéressante pour des algorithmes qui demande beaucoup de ressources.

Parfois, comme dans le cas de cet ensemble de données, les données ne sont pas à la même échelle. Par exemple, nous pouvons avoir une volatilité de 60% avec un rendement de 1,75%. L'algorithme a donc beaucoup de difficultés à travailler avec cela. Nous devons normaliser les données pour les mettre à la même échelle. Voyons graphiquement pourquoi nous devons normaliser les données à la figure 11.2.

Figure 11.2 : Comment fonctionne la normalization?

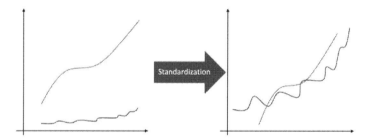

Cette figure montre qu'il est difficile pour nous de comprendre le schéma entre les deux lignes avant la normalisation. Il en est de même pour l'algorithme. Ainsi, nous devons normaliser les données pour nous aider à mieux les comprendre.

Voyons maintenant la formule pour normaliser les données et normaliser les données en utilisant Python.

$$z_i = \frac{x_i - \mu_x}{\sigma_x}$$

Où z_i est la valeur de normalisation, x_i est la valeur de l'observation, μ_x est la moyenne du vecteur x et σ_x la volatilité du vecteur x.

Code 11.2 : Normaliser les données

```
# Import the class
from sklearn.preprocessing import StandardScaler
```

```
# Initialize the class
sc = StandardScaler()


# Standardize the data
X_train_scaled = sc.fit_transform(X_train)
X_test_scaled = sc.transform(X_test)
```

 En ce qui concerne les autres algorithmes, nous avons besoin de nous adapter à l'ensemble d'entraînement uniquement parce que nous ne pouvons pas connaître la moyenne et l'écart type de l'ensemble de test dans la vie réelle.

 Je ne standardise jamais le y car il n'intervient pas dans les calculs. Il ne sert qu'à calculer l'erreur du modèle sauf pour certains modèles spécifiques.

11.2. Classificateur par machine à vecteur de support (SVC)

Cette section explique comment fonctionne un SVC, puis comment créer un SVC à l'aide de Python et faire des prédictions avec le SVC pour créer une stratégie de trading.

11.2.1. Intuition sur le fonctionnement d'un SVC

Dans cette partie, nous verrons l'intuition derrière le classificateur de la machine à vecteurs de support.
Pour ce faire, nous commençons par un petit graphique pour comprendre ce que fait le SVC.

195

Figure 11.3 : Fonctionnement d'un SVC

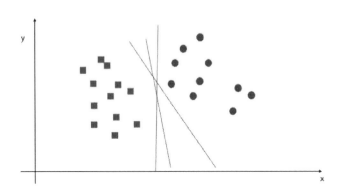

Dans cette figure, on peut voir la question à laquelle le SVC répond :
*"**Comment séparer les groupes de points de manière optimale ?**".*

Nous utilisons des marges pour trouver la ligne optimale entre les deux groupes. Ces marges veulent maximiser la distance entre les deux groupes. Ensuite, nous prendrons le milieu des deux marges pour trouver la délimitation des deux groupes. De plus, nous verrons que les points sur les marges sont appelés supports, et ces points sont les seuls points importants dans l'algorithme. Si on enlève tous les autres points, la performance de l'algorithme sera identique.

Figure 11.4 : Optimiser la distance

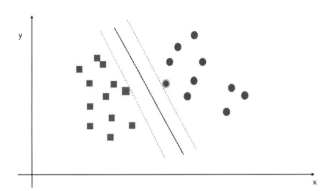

Dans cette figure, on peut voir le fonctionnement d'un SVC et les supports.

Le problème est que si un carré se trouve dans le groupe de cercle, l'algorithme ne peut pas fonctionner. C'est parce que l'algorithme a des marges dures. Heureusement, il est possible de créer un SVC avec des marges souples pour éviter ce problème.

Avec scikit-learn, il est possible de gérer l'empiètement de la marge. Supposons que l'on mette un C avec une valeur élevée, on ne permettra pas au modèle d'avoir beaucoup d'empiètement sur la marge. Cependant, plus la valeur est faible, plus l'empiètement de la marge est important.

Parlons maintenant du noyau du modèle. Le noyau est la manière dont notre algorithme s'entraîne. Il existe de nombreuses façons d'optimiser un SVC, mais la plus utilisée est le noyau gaussien ou le noyau linéaire en finance.

Il existe d'autres noyaux disponibles sur scikit-learn comme le noyau sigmoïde mais nous n'en parlerons pas ici. Une ligne comme dans la figure 11.4 schématise le linéaire, mais la gaussienne peut conserver un modèle non linéaire comme dans la figure 11.5.

Figure 11.5 : schématisation du noyau gaussien

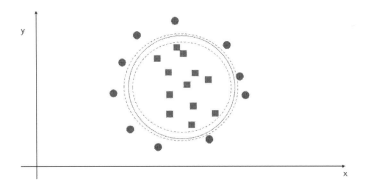

Dans cette figure, nous pouvons voir le fonctionnement d'un SVC utilisant un noyau gaussien.

11.2.2. Comment créer un SVC en utilisant Python

Dans cette partie, nous allons calculer un classificateur de machine à vecteur de support (SVC) en utilisant Python. Cela se fait sans effort car il suit la même syntaxe que la régression logistique. Nous devons modifier la fonction pour utiliser la fonction SVC de scikit-learn.

Code 11.2 : Mise en œuvre du SVC

```python
# Import the class
from sklearn.svm import SVC


# Initialize the class
svc = SVC()


# Fit the model
svc.fit(X_train_scaled, y_train_cla)
```

 Nous utiliserons un SVC avec un noyau RBF, le noyau gaussien sur scikit-learn.

11.2.3. Prédictions et backtest

Comme nous pouvons le voir dans la figure 11.6, les performances de la stratégie sont terribles car nous avons un drawdown de 67% (confer le code) et une perte de 60%. Donc, si nous cherchons un algorithme à mettre en production, nous n'avons pas besoin d'aller plus loin. Cependant, Il serait utile d'explorer une autre combinaison entre les données, le modèle et la stratégie.

Figure 11.6 : Backtest d'une stratégie utilisant les prédictions du SVC

```
Bêta : 0.248        Alpha : -21.69 %        Sharpe : -0.602. Sortino : -0.684
-----------------------------------------------------------------------------
VaR : 87,9 %.       cVaR : 98,54 %.         VaR/cVaR : 1. 121  drawdown : 67.1 %
```

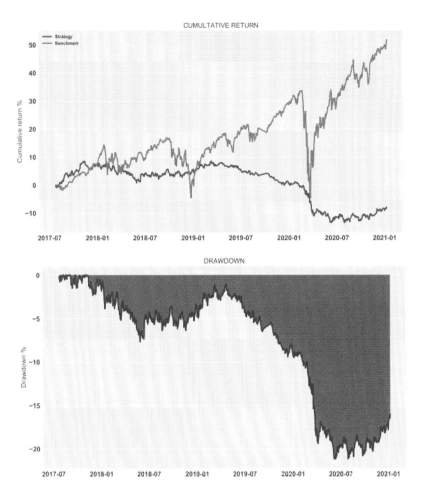

La croissance constante du drawdown est la pire chose qui puisse être arriver à une stratégie. Il s'agit donc d'une très mauvaise stratégie.

11.3. Régresseur de la machine à vecteurs de support (SVR)

Dans cette section, nous allons expliquer l'intuition du régresseur de Machine à Vecteur de Support (SVR), puis créer le modèle et faire une stratégie de trading en utilisant la prédiction de notre SVR.

11.3.1. Intuition sur le fonctionnement d'un SVR

Il sera facile de comprendre cette section car le SVR suit presque le même processus que le SVC, mais nous devons prendre le problème d'une autre manière. Au lieu de maximiser la distance entre deux groupes, le SVR essaie de maximiser le nombre d'observations entre les marges ou de minimiser le nombre d'observations en dehors des marges. Voyons un exemple à la figure 11.7.

Figure 11.7 : Intuition sur le SVR

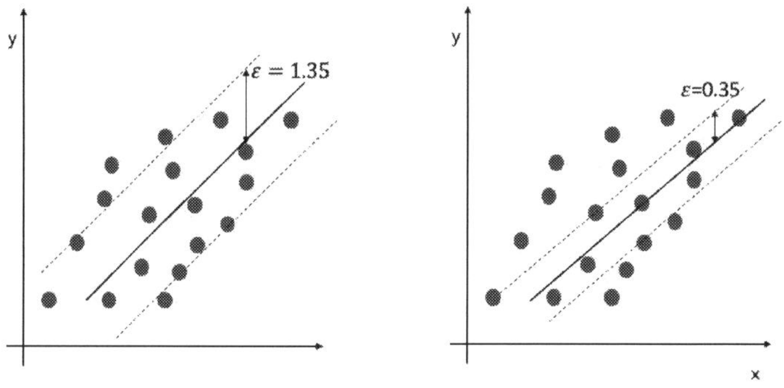

Dans cette figure, nous pouvons voir l'intuition du fonctionnement du SVR. Le paramètre le plus utile est l'epsilon car il gère la trajectoire du SVR.

Le paramètre epsilon est la tolérance du modèle. Il peut être changé en utilisant l'hyperparamètre de la fonction scikit-learn. De nombreuses fonctions nous permettent de trouver la meilleure combinaison entre les hyperparamètres des modèles (nous verrons une technique dans le prochain chapitre) mais n'oubliez pas que plus vous optimisez l'algorithme pour l'adapter à nos données, plus le risque d'overfitting augmente.

11.3.2. Comment créer un SVR en utilisant Python

Dans cette partie, nous voulons créer un modèle SVR en utilisant scikit-learn. Pour ce faire, nous allons utiliser la classe SVR de scikit-learn.

Code 11.3 : Implémentation du SVR

```
# Import the class
from sklearn.svm import SVR


# Initialize the class
svr = SVR()


# Fit the model
svr.fit(X_train_scaled, y_train_reg)
```

11.3.3. Prédictions et backtest

Nous pouvons mentionner que les caractéristiques sont les mêmes pour les deux. En comparaison, les performances des modèles sont très différentes. Voyons la figure 11.8. Cela est dû à l'étiquetage de la cible (cette fois, le régresseur est meilleur).

Comme nous pouvons le constater, le modèle régresseur gagne 35% alors que le modèle classificateur perd 60% du capital initial. Cependant, pourquoi un algorithme presque identique présente-t-il des différences significatives ? La vérité est que nous ne pouvons pas dire pourquoi. Cependant, pour éviter d'avoir des algorithmes avec une performance terrible comme le modèle SVC, nous pouvons faire un backtest pour trouver les meilleurs algorithmes qui peuvent être utilisés pour minimiser le risque de perdre de l'argent. Nous pouvons également créer un portefeuille de stratégies pour réduire le risque et obtenir des rendements plus stables.

Figure 11.8 : Rendement cumulé de la stratégie utilisant les prédictions SVR

```
Beta : 0.787          Alpha : 2.15 %     Sharpe : 0.455    Sortino : 0.584
-----------------------------------------------------------------------
VaR : 56,1 %          cVaR : 66,0 %      VaR/cVaR : 1,176  drawdown : 30.32 %
```

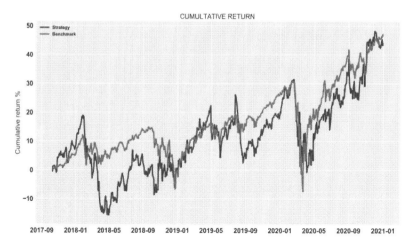

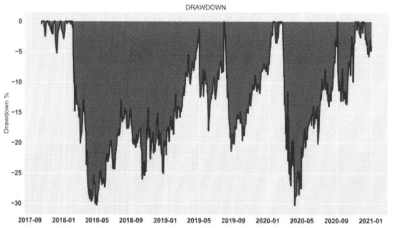

La stratégie a un très bon ratio de Sharpe car elle commence à être raisonnablement proche de 0,5 (sharpe=0,45). Elle n'est pas significativement corrélée au marché (beta=0.787). Cependant, les nombreuses fluctuations des rendements cumulés impliquent un risque de pertes considérable (cVaR = 66%). C'est une excellente stratégie à intégrer dans un portefeuille de stratégies pour diminuer le risque mais en l'état cette stratégie est trop risquée, compte tenu de la surperformance du marché.

Résumé

- La normalisation est obligatoire pour les SVM car ils sont basés sur un processus géométrique.

- Le classificateur de la machine à vecteurs de support cherche à optimiser la distance entre les deux groupes.

- Nous pouvons modifier la valeur de l'empiètement de la marge en utilisant les paramètres C lorsque nous travaillons avec scikit-learn.

- Le régresseur de la machine à vecteurs de support essaie de créer un chemin avec un maximum d'observations.

- Nous pouvons modifier la largeur du chemin en utilisant le paramètre epsilon dans scikit learn.

- Les noyaux les plus utilisés en finance pour les SVC et les SVR sont les noyaux linéaires et gaussiens.

Application Live Trading et Screener

Ce code est basé sur la classe créée dans l'annexe : MetaTrader

Code 11.4 : Application Trading / Screener pour SVR

```python
from MT5 import *

import numpy as np

import pandas as pd

import warnings

warnings.filterwarnings("ignore")

from sklearn.linear_model import LogisticRegression

import time

import pickle

from joblib import dump, load

import os


path = "" # Ex: C:/Desktop/Python_for_finance_and_algorithmic_trading/
ChapterN/
```

```python
def create_model_weights(symbol):
    """ Weights for Linear regression on the percentage change"""
    # Import the data
    data = MT5.get_data(symbol, 3500)[["close"]].pct_change(1)


    # Create new variable
    data["close t-1"] = data[["close"]].shift(1)


    # Split the data
    data = data.dropna()
    split = int(0.80*len(data))


    # Train set creation
    X_train = data[["close t-1"]].iloc[:split]
    y_train = np.round(data[["close"]].iloc[:split]+0.5)


     # Create the model
    alg = LogisticRegression()


    # Fit the model
    alg.fit(X_train, y_train)


    # Save the model
    alg_var = pickle.dumps(alg)
    alg_pickel = pickle.loads(alg_var)


    dump(alg_pickel ,os.path.join(path,f"Models/{symbol}.joblib"))



def log_reg_sig(symbol):
    """ Function for predict the value of tommorow using ARIMA model"""


    # Create the weights if there is not in the folder
    try:
        alg = load(os.path.join(path,f"Models/{symbol}.joblib"))
    except:
```

```python
        create_model_weights(symbol)

        alg = load(os.path.join(path,f"Models/{symbol}.joblib"))


    # Take the lastest percentage of change
    data = MT5.get_data(symbol, 3500)[["close"]].pct_change(1)

    data["close t-1"] = data[["close"]].shift(1)


    X = data["close t-1"].iloc[-1].reshape(-1,1)



    # Find the signal
    prediction = alg.predict(X)

    prediction = np.where(prediction==0, -1, 1)

    buy = prediction[0][0] > 0

    sell =not buy


    return buy, sell

# True = Live Trading and False = Screener
live = True



if live:
    current_account_info = mt5.account_info()
    print("-----------------------------------------------------------------")
    print("Date: ", datetime.now().strftime("%Y-%m-%d %H:%M:%S"))
    print(f"Balance: {current_account_info.balance} USD, \t"
            f"Equity: {current_account_info.equity} USD, \t"
            f"Profit: {current_account_info.profit} USD")
    print("-----------------------------------------------------------------")

info_order = {

    "Euro vs USdollar": ["EURUSD", 0.01]

}
start = datetime.now().strftime("%H:%M:%S")#"23:59:59"
while True:
    # Verfication for launch
    if datetime.now().weekday() not in (5,6):
```

205

```
        is_time = datetime.now().strftime("%H:%M:%S") == start
else:

    is_time = False



# Launch the algorithm
if is_time:

    # Open the trades
    for asset in info_order.keys():

        # Initialize the inputs
        symbol = info_order[asset][0]
        lot = info_order[asset][1]

        # Create the signals
        buy, sell = log_reg_sig(symbol)

         # Run the algorithm
        if live:
            MT5.run(symbol, buy, sell,lot)

        else:
            print(f"Symbol: {symbol}\t"
                  f"Buy: {buy}\t"
                  f"Sell: {sell}")
time.sleep(1)
```

Le paramètre live définit le mode de trading en live trading (live = True) ou le mode screener (live = False).

Chapitre 12 : Méthodes d'ensemble et arbre de décision

Dans ce chapitre, nous verrons de nombreux algorithmes d'apprentissage automatique. Nous verrons d'abord l'arbre de décision, puis la forêt aléatoire et d'autres méthodes d'ensemble utiles en finance. Tous les algorithmes de ce chapitre seront appliqués au cours de l'action Google.

12.1. Arbre de décision

Dans cette section, nous allons étudier l'algorithme de l'arbre de décision. Cet algorithme d'apprentissage automatique statistique est très utile en finance car il permet de comprendre les relations non linéaires entre les données.

12.1.1. Le classificateur à arbre de décision

Dans cette sous-section, nous commençons par le classificateur à arbre de décision[14] . Avant de coder quoi que soit, nous allons expliquer comment fonctionne un arbre de décision classificateur.

Mathématiquement, lorsque nous avons un espace avec des groupes de points, l'arbre de décision va couper l'espace avec des hyperplans pour séparer les groupes de manière optimale. Un hyperplan est une ligne dans un espace 2D, donc si nous ne savons pas ce que cela signifie, rappelez-vous que c'est une ligne dans notre exemple.

De plus, chaque hyperplan est orthogonal aux autres. Qu'est-ce que cela signifie ? Dans notre cas, chaque hyperplan est perpendiculaire aux autres. Il est essentiel de le savoir pour comprendre le comportement de l'algorithme. Dans la figure suivante, nous allons

---

[14] **Lecture supplémentaire** : Decision Trees in Machine Learning, Prashant Gupta.

voir comment fonctionne un arbre de décision d'une manière plus simple.

Figure 12.1 : Comment fonctionne graphiquement un arbre de décision

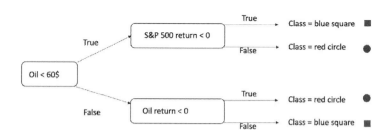

Dans cette figure, nous pouvons voir les différents hyperplans de l'arbre de décision. Dans cet exemple, il y a trois hyperplans, ce qui signifie que la profondeur de cet arbre de décision est de 3.

Nous allons schématiser le fonctionnement d'un arbre de décision pour être sûr d'avoir bien compris ce que fait un classificateur basé sur un arbre de décision. L'arbre de décision fonctionne avec des conditions, comme le montre la figure 10.2.

Figure 12.2 : Classification par arbre de décision

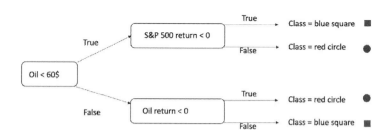

En outre, c'est un modèle très interprétable, ce qui est intéressant en finance. Les arbres de décision n'ont pas besoin de normalisation pour obtenir de bons résultats. En outre, il s'agit d'un algorithme parfait lorsque les caractéristiques comportent de nombreuses variables catégorielle.

Maintenant, nous allons voir comment implémenter un classificateur d'arbre de décision avec Python. Pour ce faire, nous importons la classe DecisionTreeClassifier de scikit-learn, et nous utiliserons la même syntaxe que pour les algorithmes précédents.

Code 12.1 : Classification par arbre de décision

```python
# Import the class
from sklearn.tree import DecisionTreeClassifier


# Initialize the class
trc = DecisionTreeClassifier(max_depth=6)


# Fit the model
trc.fit(X_train, y_train_cla)
```

 L'hyperparamètre max_depth est fixé à 6, mais il s'agit d'un choix aléatoire. Il s'agit simplement de ne pas laisser l'arbre aller trop profond car ce n'est pas bon ; nous verrons plus tard pourquoi. Nous verrons également comment trouver la meilleure profondeur dans la partie suivante.

Ensuite, nous disposons du modèle qui nous permet de faire des prédictions et de backtester la stratégie. Comme le montre la figure 12.3, nous avons un excellent rendement en utilisant la profondeur de 6 branches car nous avons près de 30 % de rendements annuels. Alors que, lorsque nous ne précisons pas la profondeur, l'algorithme peut aller aussi profond qu'il le souhaite, et ce n'est pas bon ; nous pouvons voir que les rendements du même modèle mais sans précision sur la profondeur est de -80% sur la période.

Figure 12.3 : Backtest en fonction de la profondeur max

Profondeur_max = 6

Bêta : 1.056	Alpha : 12.44 %	Sharpe : 0.931	Sortino : 1.2
	27		

VaR : 41.76 %	cVaR : 52.03 %	VaR/cVaR : 1.246	drawdown : 30
	.79 %		

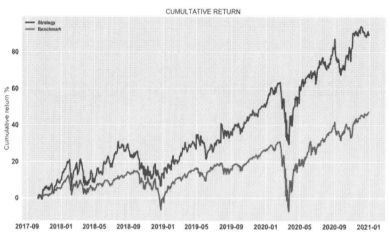

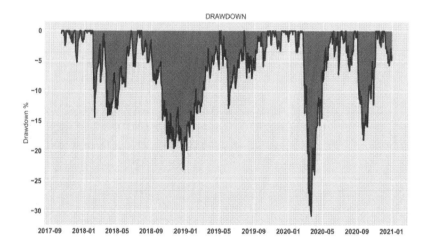

Profondeur_max = Aucune

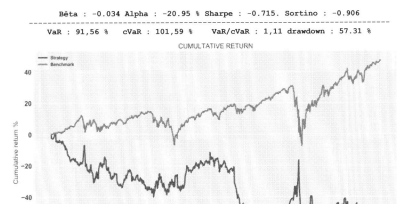

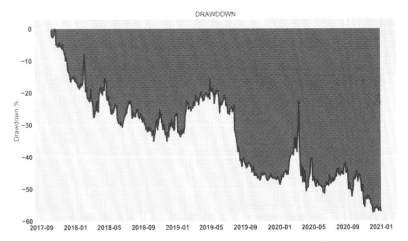

Sur cette figure, nous pouvons voir que la profondeur de l'arbre de décision joue un rôle crucial. En effet, la différence de rendement entre les deux stratégies est de près de 160% sur la période. Cela met en évidence le problème d'overfitting lorsque nous laissons l'algorithme sans restriction de profondeur.

Les hyperparamètres les plus critiques dans l'arbre de décision sont la profondeur de l'arbre qui est donnée par l'hyperparamètre *max_depth* dans scikit-learn.

12.1.2. Régresseur de l'arbre de décision

Cette partie explique le fonctionnement d'un arbre de décision régresseur et comment mettre en place un arbre de décision en utilisant Python et backtester la stratégie.

L'arbre de décision régresseur suit pratiquement le même processus que le d'arbre décisionnel classificateur. Voyons cela dans un arbre simple à la figure 12.4.

Figure 12.4 : Arbre de décision régresseur

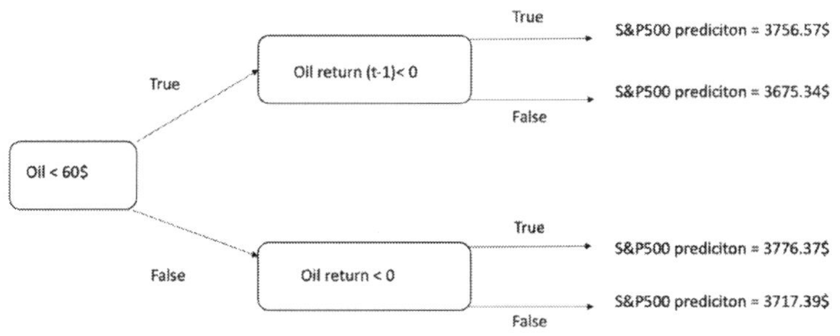

Pour implémenter un régresseur d'arbre de décision, nous utiliserons la même syntaxe que le classificateur d'arbre de décision.

Code 12.2 : Régresseur de l'arbre de décision

```
# Import the class
from sklearn.tree import DecisionTreeClassifier


# Initialize the class
trc = DecisionTreeClassifier(max_depth=6)
```

```
# Fit the model
trc.fit(X_train, y_train_cla)
```

Nous pouvons voir les résultats de la stratégie dans la figure 12.5, et comme nous pouvons le constater avec la contrainte sur la profondeur de l'algorithme, elle donne également de bons résultats.

Figure 12.5 : Prédiction de l'action Google basée sur une stratégie de backtest

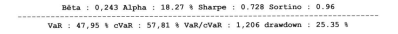

Bêta : 0,243 Alpha : 18.27 % Sharpe : 0.728 Sortino : 0.96

VaR : 47,95 % cVaR : 57,81 % VaR/cVaR : 1,206 drawdown : 25.35 %

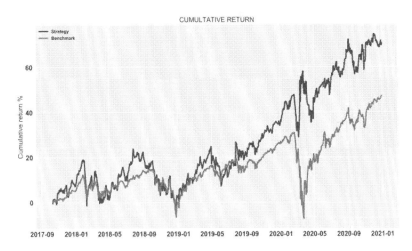

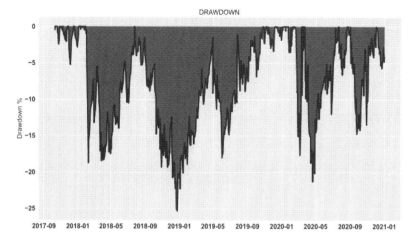

C'est un très bon backtest. Nous avons un ratio de Sharpe de 0,72 et un alpha de 18,27 %, ce qui signifie que nous surperformons le marché. Cependant, nous avons un drawdown considérable. La meilleure façon de réduire le risque d'une stratégie est de la combiner avec les autres, mais nous le verrons plus tard.

12.1.3. Optimiser les hyperparamètres

Dans la dernière partie, nous avons dit que ce n'est pas un excellent choix de laisser la profondeur maximale sans contrainte, mais nous n'avons pas à dire comment trouver l'optimum.

Pour trouver la meilleure valeur pour le paramètre max_depth, nous allons utiliser l'algorithme GridShearchCV de scikit-learn. Il s'agit d'un algorithme simple. Il teste simplement toutes les possibilités et prend la meilleure.

Code 12.3 : CV de recherche de grille

```
# Import the class
from sklearn.model_selection import GridSearchCV


# Create the model
dtr = DecisionTreeRegressor()


# Choose a list of parameters
```

```
param = {"max_depth": [3,6,15]} 1


# Create the GridSearch
model = GridSearchCV(dtr, param_grid=param, cv=3,)


# Train the model
model.fit(X_train.values, y_train_reg.values)


# Print best model
model.best_estimator_
```

Sortie (meilleur modèle) :

```
DecisionTreeRegressor(ccp_alpha=0.0, criterion='mse', max_depth=3,
max_features=None, max_leaf_nodes=None, min_impurity_decrease=0.0,
min_impurity_split=None, min_samples_leaf=1, min_samples_split=2,
min_weight_fraction_leaf=0.0, presort='deprecated',random_state=None,
splitter='best')
```

1   Créez un dictionnaire contenant toutes les variables que nous voulons essayer avec les différentes valeurs. Ici, nous voulons seulement tester le modèle de test en fonction de la profondeur maximale de l'arbre (3, 6, ou 15).

Comme on peut le voir, le meilleur modèle est une longueur de 3. C'est le meilleur modèle sur quel critère ? Comme nous n'avons pas à le préciser, un critère est le critère d'apprentissage de l'algorithme qui utilisera le MSE. Ce qui est merveilleux, c'est que nous pouvons personnaliser la fonction pour trouver le meilleur algorithme en utilisant notre critère. Nous allons créer quelques critères pour expliquer cela. La somme des rendements et le ratio de Sharpe sont proposés ici, mais nous pouvons créer le ratio que nous voulons.

Code 12.4 : Créer de nouvelles métriques

```
# Import the function
from sklearn.metrics import make_scorer


# RETURNS
# Create returns criterion
def returns(y, y_pred): 1

  return np.sum(np.sign(y_pred) * y)
```

```
# Transform criterion into a metric
returns_metric = make_scorer(returns, greater_is_better=True) 2


# SHARPE
# Create sharpe criterion
def sharpe(y, y_pred):
  r = np.sign(y_pred) * y
  return np.mean(r) / np.std(r) 3


# Transform criterion into a metric
sharpe_metric = make_scorer(sharpe, greater_is_better=True)
```

1   La fonction de critère pour l'optimisation des hyperparamètres ne prend que deux paramètres d'entrée : la cible réelle et la cible prédite.

2   Le paramètre greater_is_better indique à l'algorithme si l'on veut maximiser ou minimiser la métrique.

3   Il est inutile d'annualiser le ratio de Sharpe ici car la relation de taille n'a pas d'importance. Ainsi, nous ajoutons le moins de choses possibles pour optimiser le temps de calcul.

 La fonction *make_score* nous permet de transformer une fonction simple en une métrique compatible avec les algorithmes de scikit-learn.

La fonction make_score nous permet de transformer une fonction simple en une métrique compatible avec les algorithmes de scikit-learn.

Avec la returns_metric et la sharpe_metric, nous avons une profondeur optimale de 3. Cela signifie qu'avec les 3 méthodes, nous avons une profondeur optimale de 3. Nous pouvons donc dire que pour l'ensemble d'apprentissage, la meilleure profondeur pour l'algorithme est de 3.

12.2. La forêt aléatoire

Cette section traite de la forêt aléatoire. Nous verrons d'abord comment calculer une forêt aléatoire classificateur, puis une forêt aléatoire régresseur, et comment optimiser les hyperparamètres d'une forêt aléatoire.

12.2.1. Classificateur Random Forest

Dans cette partie, nous allons apprendre à mettre en œuvre un classificateur de type forêt aléatoire. La forêt aléatoire est la première méthode d'ensemble que nous allons apprendre. Une méthode d'ensemble est une méthode qui regroupe des algorithmes pour obtenir une meilleure prédiction.

Naturellement, comme son nom l'indique, la forêt aléatoire est un ensemble d'arbres de décision. En effet, la forêt aléatoire n'est qu'un algorithme qui combine les prédictions de nombreux arbres de décision pour avoir de meilleures prédictions.

Nous n'allons pas approfondir l'explication de la forêt aléatoire car l'intuition est facile à comprendre. Cependant, si nous voulons aller plus loin, nous avons besoin de beaucoup de mathématiques, ce qui n'est pas pertinent pour ce livre. Voyons le code d'un classificateur de forêt aléatoire.

Code 12.5 : Classificateur Random forest

```
# Import the class
from sklearn.ensemble import RandomForestClassifier


# Initialize the class
lr = RandomForestClassifier()


# Fit the model
lr.fit(X_train, y_train_cla)
```

Notez qu'il n'y a pas d'hyperparamètre personnalisé ici pour vous montrer la différence dans la figure10.6.

Nous allons mettre en évidence le problème de la forêt aléatoire (identique à un arbre de décision) lorsque vous ne précisez pas la profondeur et le nombre d'estimateurs (uniquement pour la forêt aléatoire). Il y a un fort surajustement, comme nous pouvons le voir dans la figure 12.6.

Figure 12.6 : Mettre en évidence l'overfitting

Train set backtest

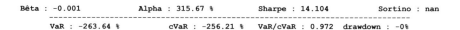

Bêta : -0.001   Alpha : 315.67 %   Sharpe : 14.104   Sortino : nan
----
VaR : -263.64 %   cVaR : -256.21 %   VaR/cVaR : 0.972   drawdown : -0%

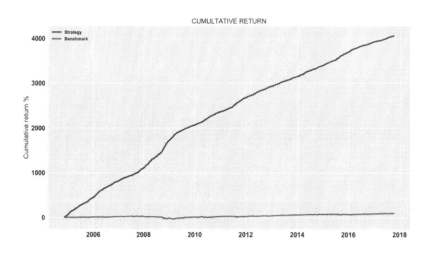

218

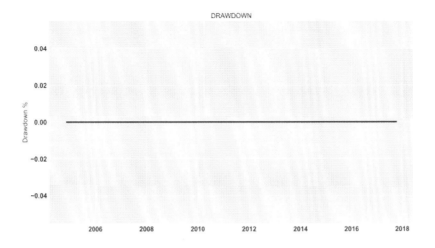

Test set backtest

```
    Bêta : -0.018      Alpha : -6.45      Sharpe : -0.224 Sortino : -0.28
    ------------------------------------------------------------------------
VaR : 76,65 %     cVaR : 86,33 %      VaR/cVaR : 1,126        drawdown : 61.75 %
```

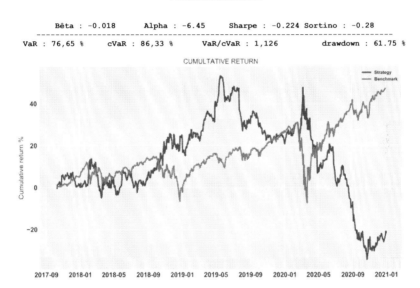

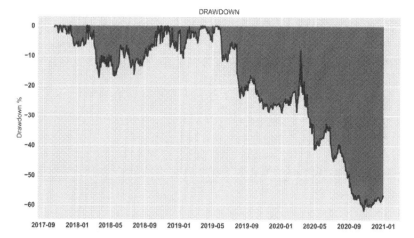

Comme nous pouvons le voir à l'écran, il y a un surajustement car, dans l'ensemble d'entraînement (les données que l'algorithme connaît déjà), nous gagnons 350 % par an avec un drawdown de 0 %, alors que l'ensemble de test perd de l'argent.

12.2.2. Random Forest régresseur

Dans cette partie, nous allons parler des régresseurs de la forêt aléatoire. Naturellement, une forêt aléatoire régresseur est un ensemble d'arbres de décision régresseurs.

Nous n'expliquons pas les mêmes choses pour éviter d'être ennuyeux pour cet algorithme. Nous pouvons copier exactement ce que nous disons pour la forêt aléatoire classificateur sur la forêt aléatoire régresseur. Voyons donc comment l'implémenter et mettons à nouveau en évidence le problème d'overfitting de ces algorithmes.

Code 12.6 : Forêt aléatoire régresseur

```
# Import the class
from sklearn.ensemble import RandomForestRegressor


# Initialize the class
lr = RandomForestRegressor()


# Fit the model
```

```
lr.fit(X_train, y_train_reg)
```

Figure 12.7 : Mise en évidence de l'excès d'ajustement sur la forêt aléatoire

Bêta : 0.511	Alpha : 9.76 %	Sharpe : 0.574	Sortino : 0.7
		77	
VaR : 52,51 %	cVaR : 62,26 %	VaR/cVaR : 1,186	drawdown : 43
		.26 %	

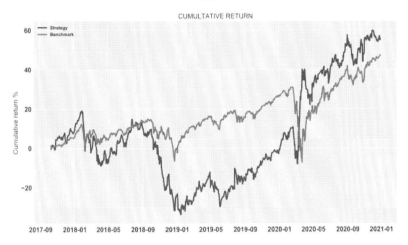

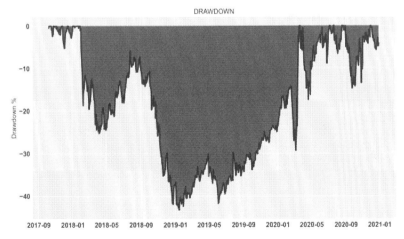

C'est une bonne performance, mais il y a un drawdown important sur une très longue période. Cela signifie que la stratégie est périlleuse.

12.2.3. Optimiser les hyperparamètres

Dans cette partie, nous allons optimiser les hyperparamètres de l'arbre de décision. Pour cela, nous utiliserons la métrique de Sharpe utilisée dans la partie 12.1.3.

Code 12.7 : Optimiser les hyperparamètres

```python
# Importez la classe
from sklearn.model_selection import GridSearchCV

# Créer le modèle
dtr = RandomForestRegressor()

# Choisissez une liste de paramètres
param = {"max_depth" : [3,6,15], "n_estimateurs" : [50, 100, 150]}


# Importez la fonction
from sklearn.metrics import make_scorer

# SHARPE
# Créer le critère de Sharpe
def sharpe(y, y_pred) :
  r = np.sign(y_pred) * y
  retourner np.mean(r) / np.std(r)

# Transformer le critère en une métrique
sharpe_metric = make_scorer(sharpe, greater_is_better=True)


modèle = GridSearchCV(dtr, param_grid=param, scoring=sharpe_metric,
cv=3)


modèle.fit(X_train.values, y_train_reg.values)


modèle.meilleur_estimateur
```

Les paramètres influençant une forêt aléatoire sont le nombre d'arbres et la profondeur des arbres.

Dans la figure suivante, nous pouvons voir que le réglage des hyperparamètres a un impact considérable sur les performances. En effet, cela nous permet d'avoir une courbe plus lisse et un meilleur indicateur de backtest.

Figure 12.8 : Rendements avec et sans réglage

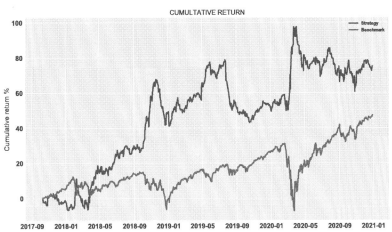

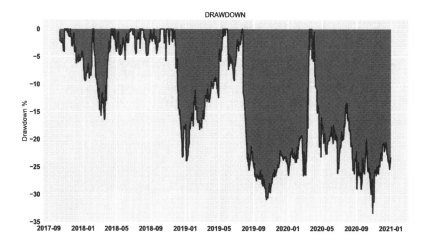

Avec le modèle de réglage

Bêta : 0.553	Alpha : 18.25 %	Sharpe : 0.879	Sortino : 1.194
VaR : 44,05 %	cVaR : 54,37 %	VaR/cVaR : 1,234	drawdown : 29.33 %

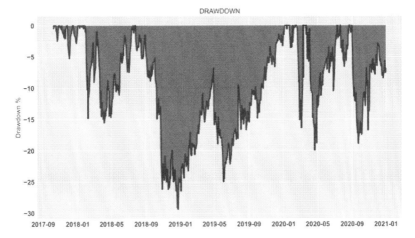

Malheureusement, dans cet exemple, le modèle sans ajustement n'est pas surajusté car il a des rendements raisonnables. Cependant, le modèle avec ajustement est meilleur car il a moins de drawdown, un ratio de Sharpe plus élevé et moins de cVaR.

12.3. Méthodes d'ensemble

Dans cette section, nous allons apprendre quelques méthodes d'ensemble[15] . Tout d'abord, nous verrons les ensembles les plus simples, les méthodes de vote (voting), de mise en sac (bagging) et d'empilement (stacking).

12.3.1. Méthode de vote

La méthode de vote est la méthode la plus simple de la méthode des ensembles. Voyons comment elle fonctionne dans la figure 12.9.

Comme nous pouvons voir que les algorithmes sont bien différents, la prédiction est meilleure lorsque nous agrégeons leur prédiction. Cependant, nous avons besoin de certaines hypothèses mathématiques comme l'indépendance de l'estimateur. Mais, il est

---

[15]**Lecture supplémentaire** : Ensemble Methods in Machine Learning: What are They and Why Use Them? Evan Lutins

presque impossible de l'avoir dans la vie réelle car les algorithmes s'entraînent sur les mêmes données.

Figure 12.9 : Classificateur de vote

					Count
True value	✗	✓	✗	✓	
SVC	✗	✗	✓	✓	2
Decision tree classifier	✗	✗	✗	✗	2
Random forest classifier	✓	✗	✗	✓	2
Voting classifier	✗	✗	✗	✓	3

Comme nous pouvons le voir sur la figure, l'agrégation des estimateurs est meilleure que les estimateurs seuls.

Lorsque nous travaillons avec des estimateurs de régression, nous suivons le même processus, sauf que la prédiction est la moyenne de toutes les prédictions. Voyons un code pour un VotingRegressor qui utilise LinearRegression, SVR, et RandomForestRegressor. Puis nous mettons les résultats dans la figure 10.10.

Code 12.8 : Implémentation du régresseur de vote

```
from sklearn.linear_model import LogisticRegression

from sklearn.svm import SVR

from sklearn.ensemble import RandomForestClassifier,
VotingRegressor


# Intitialize the estimators
clf1 = LinearRegression()

clf2 = RandomForestRegressor(n_estimators=150, max_depth=3)

clf3 = SVR(epsilon=1.5)



# Create the ensemble method
eclf1 = VotingRegressor(estimators=[
```

```
                    ('lr', clf1), ('rf', clf2), ("svc", clf3)]) 1


# Train the method

eclf1.fit(X_train, y_train_reg)

# Create predictions for the whole dataset

df["prediction"] = eclf1.predict(np.concatenate((X_train,X_test),

                                  axis=0))


# Compute the strategy

df["strategy"] = np.sign(df["prediction"]) * df["returns"]


# Backtest

backtest_dynamic_portfolio(df["strategy"].iloc[split:])
```

1 Les modèles de vote sont définis par une liste d'estimateurs.

Figure 12.10 : Rendements cumulatifs du régresseur de vote

```
Bêta : 1.056          Alpha : 7.16 %          Sharpe : 0.754          Sortino : 0.9
                                    68
          ------------------------------------------------------------------------
VaR : 47,4 %          cVaR : 57,12 %          VaR/cVaR : 1,205          drawdown : 30
                                    .79 %
```

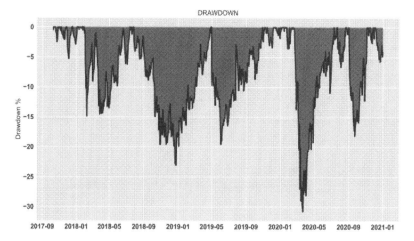

La méthode du vote donne des résultats similaires à ceux de la forêt aléatoire, mais le rendement cumulé est moins volatil.

12.3.2. Méthode de bagging

Dans cette partie, nous allons parler de la méthode du bagging. C'est un moyen simple d'avoir une méthode d'ensemble en quelques lignes de code. En effet, le bagging est une méthode qui permet d'entraîner une méthode d'ensemble avec n estimateurs similaires. Par exemple, une forêt aléatoire est un bagging avec des arbres de décision. Maintenant, nous allons créer un régresseur de bagging qui utilise 150 SVR.

Figure 12.11 : Rendement cumulé de la mise en sac en utilisant 150 SVR

Bêta : 1.056	Alpha : 7.16 %	Sharpe : 0.754	Sortino : 0.968
VaR : 47,31 %	cVaR : 57,77 %	VaR/cVaR : 1,221	drawdown : 30.79 %

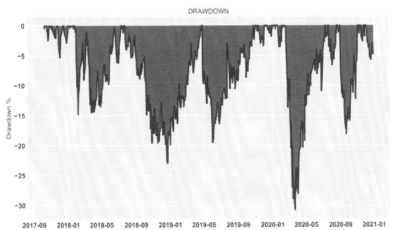

Dans cette figure, nous pouvons voir le rendement cumulé d'un algorithme de bagging créé avec 150 SVR.

Code 12.10 : Bagging avec SVR

```python
from sklearn.svm import SVR
from sklearn.ensemble import BaggingRegressor


# Initialize the bagging
bag_reg = BaggingRegressor(SVR(epsilon=1.5), n_estimators=150)


# Train the method
bag_reg.fit(X_train, y_train_reg)
```

```
# Create predictions for the whole dataset
df["prediction"] = bag_reg.predict(np.concatenate((X_train,X_test),
                                    axis=0))


# Compute the strategy
df["strategy"] = np.sign(df["prediction"]) * df["returns"]


# Backtest
backtest_dynamic_portfolio(df["strategy"].iloc[split:])
```

12.3.3. Méthode de stacking

Dans cette partie, nous allons parler de la méthode de l'empilement. Cette méthode est un peu différente des autres parce que maintenant, au lieu de faire une moyenne, par exemple, on va donner la prédiction des estimateurs à un autre algorithme qui va donner la prédiction.

Figure 12.12 : Schématisation de la méthode d'empilage

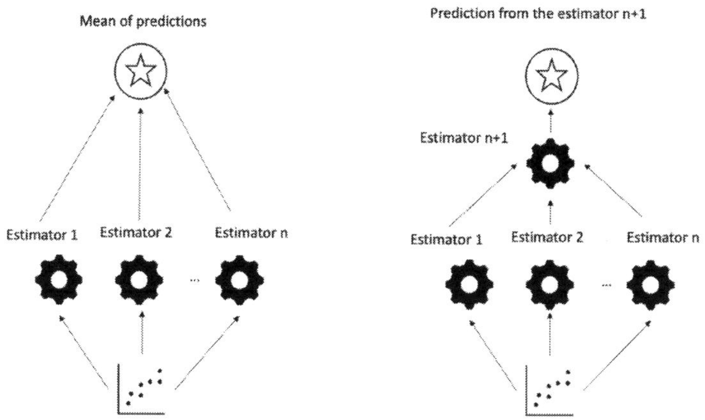

Cette figure montre la différence entre le vote et le bagging (à gauche), qui font la moyenne de la prédiction de l'estimateur au lieu

de l'empilage (à droite), qui fait un algorithme pour mieux agréger la prédiction.

 Habituellement, nous utilisons un arbre de décision ou une forêt aléatoire lorsque nous effectuons un classement par empilement (stacking), car ils fonctionnent très bien avec les variable catégorielles.

Code 12.11 : Mise en œuvre de régresseurs empilés

```python
from sklearn.linear_model import LinearRegression

from sklearn.svm import SVR

from sklearn.ensemble import RandomForestRegressor,

StackingRegressor


# Intitialize the estimators

clf1 = LinearRegression()

clf2 = RandomForestRegressor(n_estimators=150, max_depth=3)

clf3 = SVR(epsilon=1.5)


# Create the ensemble method

eclf1 = StackingRegressor(estimators=[

        ('lr', clf1), ('rf', clf2), ("svc", clf3)])


# Train the method

eclf1.fit(X_train, y_train_reg)



# Create predictions for the whole dataset

df["prediction"] = eclf1.predict(np.concatenate((X_train,X_test),

                                  axis=0))


# Compute the strategy

df["strategy"] = np.sign(df["prediction"]) * df["returns"]


# Backtest

backtest_dynamic_portfolio(df["strategy"].iloc[split:])
```

Figure 12.11 : Rendement cumulé d'une méthode d'empilage

Bêta : 1.056   Alpha : 7.16 %   Sharpe : 0.754   Sortino : 0.9
                                                  68

VaR : 46,46 %   cVaR : 56,64 %   VaR/cVaR : 1,219   drawdown : 30
                                      .79 %

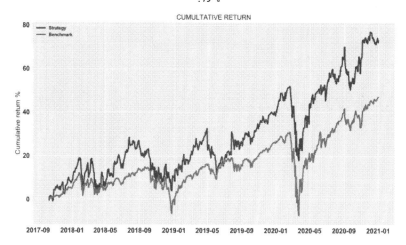

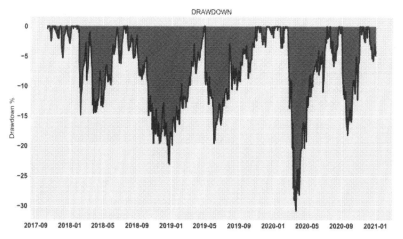

Comme nous pouvons le voir, les résultats des méthodes d'ensemble sont les mêmes. Cela signifie que nous ne pouvons pas faire une meilleure prédiction en utilisant ces données avec ce type d'algorithme. Pour éviter ce problème, nous verrons plus tard le plus puissant en utilisant l'apprentissage profond.

Résumé

- Pour trouver la meilleure séparation entre les groupes, l'arbre de décision découpe l'espace avec n hyperplans (où n est la profondeur de l'arbre).

- Une forêt aléatoire est une méthode d'ensemble (bagging) qui utilise un arbre de décision très différent pour avoir de meilleures prédictions qu'un arbre de décision.

- L'arbre de décision et la forêt aléatoire sont très exposés à l'overfitting. Pour éviter cela, nous devons limiter la profondeur de l'arbre et le nombre d'arbres pour la forêt aléatoire.

- Les méthodes de vote combinent certains algorithmes. Elle donne la moyenne des prédictions des algorithmes individuels pour la régression et la classe la plus votée pour la classification.

- Le bagging est une méthode d'ensemble qui combine l'algorithme exact n fois (par exemple, la forêt aléatoire).

- L'empilement est une méthode d'ensemble qui utilise un algorithme avec les prédictions d'algorithmes en caractéristiques pour trouver les meilleures prédictions.

Application Live Trading et Screener
Ce code est basé sur la classe créée dans l'annexe : MetaTrader

Code 12.12 : Application Trading / Screener pour le régresseur d'arbre de décision

```
from MT5 import *
import numpy as np
import pandas as pd
import warnings
warnings.filterwarnings("ignore")
from sklearn.tree import DecisionTreeRegressor
import time
import pickle
```

```python
from joblib import dump, load
import os
from sklearn.preprocessing import StandardScaler


path = "" # Ex: C:/Desktop/Python_for_finance_and_algorithmic_trading/
ChapterN/


def create_model_weights(symbol):
    """ Weights for Linear regression on the percentage change"""
    # Import the data
    data = MT5.get_data(symbol, 3500)[["close"]].pct_change(1)


    # Create new variable
    data.columns = ["returns"]


    # Features engeeniring
    data["returns t-1"] = data[["returns"]].shift(1)


    # Mean of returns
    data["mean returns 15"] = data[["returns"]].rolling(15).mean()
.shift(1)
    data["mean returns 60"] = data[["returns"]].rolling(60).mean()
.shift(1)


    # Volatility of returns
    data["volatility returns 15"] = data[["returns"]].rolling(15).std()
.shift(1)
    data["volatility returns 60"] = data[["returns"]].rolling(60).std()
.shift(1)


    # Split the data
    data = data.dropna()
    split = int(0.80*len(data))


    # Train set creation
    X_train = data[["returns t-1", "mean returns 15", "mean returns 60",
             "volatility returns 15",
             "volatility returns 60"]].iloc[:split]
```

234

```python
        y_train = data[["returns"]].iloc[:split]


        sc = StandardScaler()
        X_train = sc.fit_transform(X_train)


        # Create the model
        alg = DecisionTreeRegressor(max_depth=6)


        # Fit the model
        alg.fit(X_train, y_train)


        # Save the model
        alg_var = pickle.dumps(alg)
        alg_pickel = pickle.loads(alg_var)


        dump(alg_pickel ,os.path.join(path,f"Models/{symbol}_reg.joblib"))


def tree_reg_sig(symbol):
    """ Function for predict the value of tommorow using ARIMA model"""

        # Create the weights if there is not in the folder
        try:
            alg = load(os.path.join(path,f"Models/{symbol}_reg.joblib"))
        except:
            create_model_weights(symbol)
            alg = load(os.path.join(path,f"Models/{symbol}_reg.joblib"))


        # Take the lastest percentage of change
        data = MT5.get_data(symbol, 3500)[["close"]].pct_change(1)


        # Create new variable
        data.columns = ["returns"]


        # Features engeeniring
        data["returns t-1"] = data[["returns"]].shift(1)


        # Mean of returns
        data["mean returns 15"] = data[["returns"]].rolling(15).mean()
```

```python
.shift(1)
    data["mean returns 60"] = data[["returns"]].rolling(60).mean(
).shift(1)


    # Volatility of returns
    data["volatility returns 15"] = data[["returns"]].rolling(15).std()
.shift(1)
    data["volatility returns 60"] = data[["returns"]].rolling(60).std()
.shift(1)


    X = data[["returns t-1", "mean returns 15", "mean returns 60",
            "volatility returns 15",
            "volatility returns 60"]].iloc[-1:,:].values


    # Find the signal
    prediction = alg.predict(X)
    buy = prediction[0] > 0
    sell =not buy



    return buy, sell



# True = Live Trading and False = Screener
live = True


if live:
    current_account_info = mt5.account_info()
    print("-------------------------------------------------------------")
    print("Date: ", datetime.now().strftime("%Y-%m-%d %H:%M:%S"))
    print(f"Balance: {current_account_info.balance} USD, \t"
        f"Equity: {current_account_info.equity} USD, \t"
        f"Profit: {current_account_info.profit} USD")
    print("-------------------------------------------------------------")



info_order = {
    "Google": ["Alphabet_Inc_C_(GOOG.O).a", 1.00]
```

236

```
    }


start = datetime.now().strftime("%H:%M:%S")#"23:59:59"
while True:
    # Verfication for launch
    if datetime.now().weekday() not in (5,6):
        is_time = datetime.now().strftime("%H:%M:%S") == start
    else:
        is_time = False



    # Launch the algorithm
    if is_time:


        # Open the trades
        for asset in info_order.keys():


            # Initialize the inputs
            symbol = info_order[asset][0]
            lot = info_order[asset][1]


            # Create the signals
            buy, sell = tree_reg_sig(symbol)


             # Run the algorithm
            if live:
                MT5.run(symbol, buy, sell,lot)


            else:
                print(f"Symbol: {symbol}\t"
                      f"Buy: {buy}\t"
                      f"Sell: {sell}")
        time.sleep(1)
```

237

Le paramètre live définit le mode de trading live trading (live = True) ou le mode screener (live = False).

Chapitre 13 : Réseaux neuronaux profonds (DNN)

Dans ce chapitre, nous voyons notre premier algorithme d'apprentissage profond. Nous parlerons du réseau neuronal profond DNN (aussi appelé réseau neuronal artificiel ANN). L'apprentissage profond est un domaine de l'apprentissage automatique qui utilise les algorithmes les plus puissants. Cependant, il exige de nombreuses ressources pour fonctionner. Pour expliquer le DNN et créer une stratégie de trading utilisant cet algorithme, nous expliquerons l'intuition derrière le DNN et comment créer un classificateur DNN et un régresseur DNN. De plus, après ce chapitre, nous serons capables de réaliser notre fonction de perte. Nous allons mettre en œuvre les algorithmes sur le cours de l'action Apple.

13.1. Intuition derrière DNN

Cette partie abordera l'intuition derrière le réseau neuronal profond ou DNN. Pour ce faire, nous parlerons de la propagation en avant d'un réseau de neurones, puis de la descente de gradient, et enfin de la rétropropagation.

13.1.1. Propagation vers l'avant

Dans cette sous-section, nous allons apprendre beaucoup de choses sur la propagation en avant, qui est le processus utilisé par l'algorithme pour créer une prédiction. L'élément essentiel de ce processus est le neurone. En effet, il s'agit d'une partie essentielle de la compréhension du concept de forwarding propagation. Pour commencer, nous expliquons le fonctionnement d'un neurone.

Un neurone est comme une régression linéaire. Il a une entrée nommée X et un ensemble de paramètres pour prédire une sortie y. Les paramètres sont appelés poids dans l'apprentissage profond, et l'interception (β_0 dans la régression linéaire) est appelée biais. La seule différence entre le neurone et une régression linéaire est que nous appliquons ensuite une fonction d'activation (nous discuterons des fonctions d'action plus tard). Voyons le processus derrière un neurone dans la figure 13.1.

Figure 13.1 : Processus du neurone

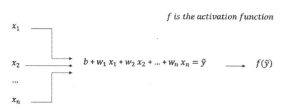

Dans cette figure, nous pouvons voir le processus derrière un neurone dans un réseau neuronal profond.

Maintenant, parlons de la fonction d'activation. Habituellement, il s'agit simplement d'un moyen de contenir la valeur de la sortie dans un certain intervalle. Cependant, nous expliquerons plus tard que dans la couche cachée, le choix de la fonction d'activation n'est pas "vraiment" essentiel mais est crucial pour la couche de sortie. Voyons les différentes fonctions d'activation dans la figure 13.2 pour mieux comprendre la notion.

Figure 13.2 : Une fonction d'activation

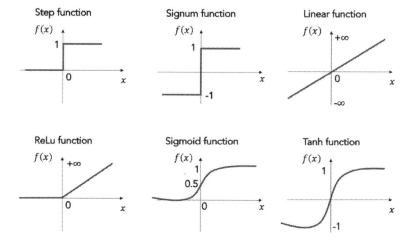

Cette figure montre quelques fonctions d'activation, les plus utilisées étant la fonction ReLu, la fonction linéaire et la fonction sigmoïde.

Nous savons déjà presque tout de l'intuition cachée derrière la propagation en avant. La seule chose qu'il nous reste à savoir est comment combiner les neurones pour créer un réseau neuronal.

La construction d'un réseau neuronal est simple. Dans la figure 13.1, nous avons créé un neurone avec des entrées et une sortie. Nous devons connecter les neurones entre eux pour créer un réseau neuronal, comme dans la figure 13.3. Ainsi, la sortie du premier neurone devient l'entrée du suivant et ainsi de suite jusqu'au neurone de sortie.

Figure 13.3 : Réseau neuronal profond

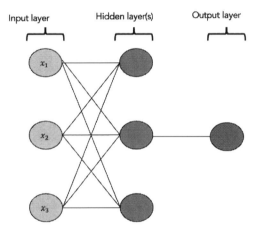

Dans cette figure, nous pouvons voir le fonctionnement d'un DNN. Nous voyons la couche d'entrée avec les données, la couche cachée et la couche de sortie.

Comme vous pouvez le voir, l'interprétabilité du modèle est délicate car il y a beaucoup de calculs et de poids. Ainsi, certaines personnes dans la finance n'aiment pas les DNNs car ils veulent savoir sur quels critères ils se basent pour investir. Cependant, la majorité s'en moque.

Ainsi, la propagation en avant consiste à faire entrer des données dans le réseau neuronal et à donner une sortie, la prédiction. Cependant, ce processus ne permet pas d'entrainer notre algorithme. Ainsi, dans les parties suivantes, nous allons voir comment entrainer un DNN.

13.1.2. Descente de gradient

Dans cette partie, nous allons apprendre ce qu'est la descente de gradient. La descente de gradient est l'algorithme le plus populaire en apprentissage automatique pour optimiser le poids d'un algorithme. C'est un moyen de résoudre un problème d'optimisation.

La descente de gradient est un algorithme basé sur le gradient de la fonction que l'on veut optimiser. Cet algorithme est mathématiquement facile à comprendre, mais nous devons utiliser des mathématiques très complexes pour le créer. Ainsi, nous ne verrons donc que l'intuition. Cependant, si nous voulons approfondir le sujet, nous pouvons trouver beaucoup de documentation à ce sujet sur internet.

Nous devons prendre un exemple simple pour comprendre comment fonctionne la descente de gradient. Nous sommes sur une montagne et qu'il y a un vaste brouillard. Nous voulons descendre de la montagne mais nous ne voyons rien.

Pour le faire, nous chercherons seulement avec nos pieds le chemin avec la plus grande pente descendante, et nous irons dans cette direction après quelques mètres ; nous continuerons ce processus jusqu'à ce que nous soyons en bas.

C'est précisément ce que fait l'algorithme. Après avoir voulu vérifier quel chemin a la plus grande pente descendante, l'algorithme utilise le gradient le plus négatif alors que nous utilisons nos pieds pour trouver la pente la plus descendante. Le choix du taux d'apprentissage est essentiel. Voyons dans la figure 13.4 l'importance du taux d'apprentissage.

Figure 13.4 : Choix du taux d'apprentissage

Learning rate too small   Learning rate good   Learning rate too big

Error   Error   Error

θ θ θ

Random begin   Random begin   Random begin

Dans cette figure, nous pouvons voir l'importance de l'apprentissage dans le processus de formation.

Dans l'apprentissage profond, la lettre θ est représente par le poids de tous les neurones du réseau. Il s'agit des paramètres des modèles. Ainsi, si nous changeons θ nous changeons une partie ou la totalité du poids et du biais des neurones.

Le seul problème de la descente du gradient est qu'elle peut tomber sur un minimum local. Pour schématiser le minimum local et global, on peut penser à un chercheur d'or dans une grotte. Il y a un paquet de 1kg d'or (le minimum local) et un seul paquet de 100kg (le minimum global). Supposons que nous ne savons pas qu'il y a un paquet dans la grotte. Il y a beaucoup de chances de trouver le paquet de 1 kg et de quitter la grotte sans le paquet de 100 kg ; ce problème dépend de la fonction de coût. Habituellement, pour une tâche de régression, on utilise la MSE, qui est convexe, donc il n'y a pas de problème. Cependant, l'algorithme peut tomber sur un minimum local si nous créons notre fonction de perte comme dans la partie suivante.

243

Figure 13.5 : Minimum global VS minimum local

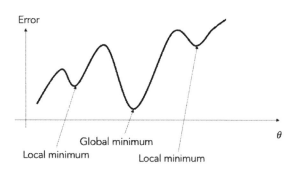

Cette figure montre que si la fonction n'est pas strictement convexe, l'algorithme peut tomber dans un minimum local même s'il existe un minimum global ailleurs.

Pour résoudre ce problème, nous pouvons utiliser la descente de gradient stochastique[16] ou un autre de ces dérivés.

13.1.3. Rétro-propagation

Nous allons parler de la rétro-propagation. À ce stade, nous savons tout ce que nous devons faire pour expliquer la rétropropagation. Nous devons juste assembler les pièces.

Figure 13.6 : Entraînement du DNN

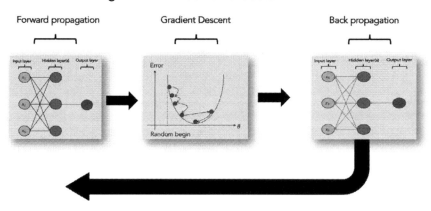

---

[16] **Lecture supplémentaire** : Stochastic Gradient Descent — Clearly Explained !!, Aishwarya V Srinivasan

Après avoir vu cette figure, nous pouvons trouver la définition de la rétropropagation : changer le poids après chaque itération selon la descente du gradient pour optimiser l'algorithme et faire de meilleures prédictions dans le futur.

13.2. DNN pour la classification

Cette section va expliquer comment réaliser correctement un DNN pour une tâche de classification en utilisant Python. Nous allons préparer les données et mettre en évidence certains points à connaître. Ensuite, nous implémenterons le DNN et créerons une stratégie avec la prédiction.

13.3.1. Préparation des données

Dans cette sous-section, nous allons discuter de la préparation des données. Comme pour les algorithmes précédents, les données seront divisées en ensembles de formation et de test. Nous travaillons sur le cours de l'action Apple avec une unité de temps journalière.

Code 13.1 : Préparation des données

```python
# Import the data
df = yf.download("AAPL", end="2021-01-01")[["Adj
Close"]].pct_change(1)
df.columns = ["returns"]


# Features engeeniring
df["returns t-1"] = df[["returns"]].shift(1)


# Mean of returns
df["mean returns 15"] = df[["returns"]].rolling(15).mean().shift(1)
df["mean returns 60"] = df[["returns"]].rolling(60).mean().shift(1)


# Volatility of returns
df["volatility returns 15"] =
df[["returns"]].rolling(15).std().shift(1)
```

245

```python
df["volatility returns 60"] =
df[["returns"]].rolling(60).std().shift(1)


# Drop missing values
df = df.dropna()


# Percentage train set
split = int(0.80*len(df))


# Train set creation
X_train = df[["returns t-1", "mean returns 15", "mean returns 60",
              "volatility returns 15",
              "volatility returns 60"]].iloc[:split]


y_train_reg = df[["returns"]].iloc[:split]


y_train_cla = np.round(df[["returns"]].iloc[:split]+0.5)



# Test set creation
X_test = df[["returns t-1", "mean returns 15", "mean returns 60",
             "volatility returns 15",
             "volatility returns 60"]].iloc[split:]


y_test_reg = df[["returns"]].iloc[split:]
y_test_cla = np.round(df[["returns"]].iloc[split:]+0.5)



# NORMALIZATION
# Import the class
from sklearn.preprocessing import StandardScaler


# Initialize the class
sc = StandardScaler()


# Standardize the data
X_train_scaled = sc.fit_transform(X_train)
X_test_scaled = sc.transform(X_test)
```

Nous n'expliquons pas cette partie car elle est codée à partir des chapitres précédents. En même temps, il est essentiel de standardiser nos données lorsque nous travaillons avec un réseau de neurones car c'est un algorithme très complexe.

13.2.2. Implémentation d'un DNN pour une tâche de classification

Dans cette partie, nous allons implémenter un DNN pour une tâche de classification. Nous utiliserons TensorFlow pour créer le modèle. Les algorithmes d'apprentissage profond demandent un peu de compréhension pour les créer. Donc, assurez-vous de bien comprendre les chapitres précédents avant de commencer.

Créer un modèle avec TensorFlow nous offre de nombreuses possibilités. Cependant, au contraire, nous devons comprendre ce que nous voulons faire au lieu de l'algorithme scikit-learn dans lequel nous devons uniquement mettre les données. Cependant, ne vous inquiétez pas, nous allons vous expliquer pas à pas les différentes étapes de la construction d'un DNN.

Code 13.2 : Réseau neuronal profond pour une tâche de classification

```
# LIBAIRIES
import tensorflow
from tensorflow.keras.models import Sequential
from tensorflow.keras.layers import Dense


nb_hidden_layer = 1 1



# INTIALIZATION SEQUENTIAL MODEL
classifier = Sequential() 2


# ADD HIDDEN LAYER
for _ in range(nb_hidden_layer): 3
    classifier.add(Dense(75, input_shape = (X_train.shape[1],),
activation="relu")) 4
```

```
# OUTPUT LAYER DENSE
classifier.add(Dense(1, activation="sigmoid"))5

# COMPILE THE MODEL
classifier.compile(loss="binary_crossentropy", optimizer="adam")6

# TRAINING
classifier.fit(X_train_scaled, y_train_cla, epochs=15,
batch_size=32, verbose=1) 7
```

1   Définissez le nombre de couches cachées.

2   Initialiser le réseau neuronal.

3   Créez une boucle qui ajoute les couches cachées.

4   *input_shape = (X_train.shape[1],)* est seulement nécessaire pour la première couche.

5   Il est nécessaire de mettre une sigmoïde à l'activation car c'est un classificateur.

6   Compilation du modèle en utilisant le gradient stochastique et l'entropie croisée binaire comme fonction de perte.

7   Ajustez le modèle en utilisant uniquement verbose=1 pour mettre en évidence l'entraînement du modèle.

Maintenant, nous allons expliquer ce code. Tout d'abord, nous devons initialiser le modèle comme pour les modèles scikit-learn. Après cela, nous avons juste un modèle vide, nous devons le construire. La boucle nous permet de créer autant de couches cachées que nous le souhaitons. La fonction Dense de TensorFlow crée une couche de réseaux neuronaux. Nous devons être précis sur le nombre de neurones que nous voulons, la forme des entrées et la fonction d'activation.

Ensuite, nous devons définir une couche particulière pour la sortie car nous devons prédire la classe. Donc, nous voulons prédire un 0 ou un 1. Nous choisissons la sigmoïde pour activer ce neurone car la valeur sera comprise entre 0 et 1, et nous voulons une probabilité.

Ensuite, nous devons expliquer comment nous voulons entraîner l'algorithme. Nous choisissons la fonction d'entropie croisée et une descente de gradient stochastique nommé "adam". Pour ajuster le modèle, nous devons choisir le nombre d'époques et le batch_size.

Nous pouvons mettre des callbacks dans la fonction fit pour arrêter l'algorithme à un certain niveau de perte de fonction, mais cela n'est pas pertinent pour ce livre. Vous pouvez lire la documentation de TensorFlow pour plus de détails.

13.2.3. Prédiction et backtest

Dans cette partie, nous allons analyser les performances d'une stratégie créée à l'aide d'un DNN. Nous allons utiliser précisément le même code que le backtest précédent.

Code 13.3 : Calcul de la stratégie de rendement en utilisant les prédictions du DNN

```
# Create predictions for the whole dataset
df["prediction"] =
classifier.predict(np.concatenate((X_train,X_test),
                                    axis=0))
df["prediction"] = np.where(df["prediction"] == 0, -1,1)
# Compute the strategy
df["strategy"] = np.sign(df["prediction"]) * df["returns"]

# Backtest
backtest_dynamic_portfolio(df["strategy"].iloc[split:])
```

Avec ce code, nous pouvons voir le backtest d'une stratégie utilisant le classificateur DNN sur l'action Apple. Comme nous pouvons le constater, il y a une excellente performance car nous gagnons plus de 30% par an. En comparaison, nous devons considérer que nous n'avons pas intégré les frais.

Figure 13.7 : Backtest d'une stratégie de prédiction DNN sur l'action Apple

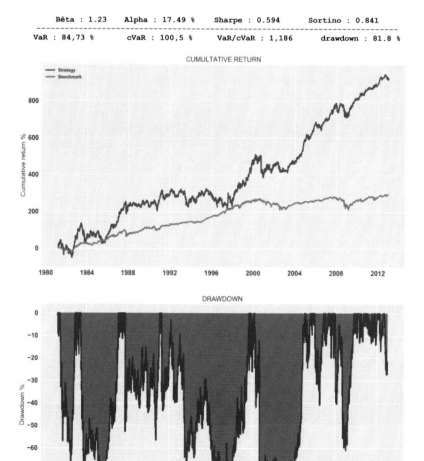

```
    Bêta : 1.23     Alpha : 17.49 %    Sharpe : 0.594    Sortino : 0.841
-------------------------------------------------------------------------------
 VaR : 84,73 %       cVaR : 100,5 %     VaR/cVaR : 1,186     drawdown : 81.8 %
```

Nous pouvons observer une belle tendance haussière dans la croissance du capital en utilisant cette stratégie.

13.3. DNN pour la régression

Dans cette section, nous allons apprendre à créer un DNN pour une tâche de régression et à créer notre fonction de perte. Ensuite, nous effectuerons un backtest de la stratégie.

13.3.1. Implémentation d'un DNN pour une tâche de régression

Dans cette partie, nous allons créer un DNN pour une tâche de régression. Il est très similaire au classificateur, mais il y a quelques subtilités. Nous devons seulement changer la fonction de perte pour optimiser l'activation du neurone de sortie. Voyons le code puis nous l'expliquerons plus en détail.

Code 13.4 : Implémentation du régresseur DNN

```python
nb_hidden_layer = 1

# INTIALIZATION SEQUENTIAL MODEL
regressor = Sequential()

# ADD HIDDEN LAYER
for _ in range(nb_hidden_layer):
  regressor.add(Dense(75, input_shape = (X_train.shape[1],),
activation="relu"))

# OUTPUT LAYER DENSE
regressor.add(Dense(1, activation="linear"))

# COMPILE THE MODEL
regressor.compile(loss="mse", optimizer="adam")

# TRAINING
regressor.fit(X_train_scaled, y_train_reg, epochs=15,
batch_size=32, verbose=1)
```

Ici, la fonction d'activation du neurone de sortie est essentielle. Par exemple, si nous mettons une sigmoïde, l'algorithme ne prédit qu'un retour positif, ce qui est impossible.

Nous avons choisi d'entraîner le modèle en utilisant l'erreur quadratique moyenne (EQM) comme fonction de perte.

Si nous commençons l'apprentissage profond, il est conseillé de garder la fonction d'activation linéaire pour la sortie d'un régresseur. Si nous comprenons bien le concept, nous pouvons essayer une fonction tanh, ou encore d'autres comme vu précédemment.

13.3.2. Fonction de perte personnalisée

Nous avons vu comment entraîner le modèle avec une métrique habituelle dans la dernière partie. En même temps, nous pouvons créer nos propres métriques si nous le souhaitons. La question est de savoir pourquoi nous voulons faire cela. Expliquons certaines limites :

- Nous prenons le même investissement si l'algorithme prédit -15% ou - 0.000001%.

- L'erreur est presque la même pour la MSE entre 0.000001 ou -0.000001.

Nous devons donc intégrer dans notre fonction de perte que si la prédiction est fausse dans le signe, nous ajoutons un malus. Nous devons calculer l'équation suivante dans Tensorflow.

$$MSE_\alpha = \begin{cases} (y - \tilde{y})^2 \ if \ y * \tilde{y} > 0 \\ \alpha(y - \tilde{y})^2 \ if \ y * < 0 \end{cases}$$

Où $\tilde{y}$ est la prédiction, y est la valeur réelle et $\alpha > 1$.

Code 13.5 : Fonction MSE personnalisée

```python
def ALPHA_MSE(y_true, y_pred):            1

  y_true_roll = tf.roll(y_true, shift=1, axis=0)    2

  y_pred_roll = tf.roll(y_pred, shift=1, axis=0)

  y_true_dif = tf.math.sign(y_true_roll-y_true)    3

  y_pred_dif = tf.math.sign(y_pred_roll-y_pred)

  booleen_vector = y_true_dif == y_pred_dif    4

  alpha = tf.where(booleen_vector, 1, 3)    5

  alpha = tf.cast(alpha, dtype=tf.float32)    6

  mse = F.square(y_true-y_pred)

  mse = tf.cast(mse, dtype=tf.float32)

  scale_mse = tf.multiply(alpha, mse)

  alpha_mse = F.mean(scale_mse)

  return alpha_mse
```

1   La fonction de perte personnalisée doit avoir deux paramètres *y_true* et *y_pred*, qui sont des tenseurs. Ainsi, tous les calculs doivent utiliser des fonctions TensorFlow.

2   Créez une nouvelle variable contenant la cible décalée de 1.

3   Prenez le signe de la variation quotidienne.

4   *Créez un tenseur booléen dans lequel chaque valeur est Vrai si y_true et y_pred varient de la même manière et Faux dans les deux cas.*

5   Créer un vecteur multiplicateur, qui est égal à 1 si les deux vecteurs varient de la même manière et à 3 ni pour pénaliser la mauvaise taille.

6   Transformer un tenseur en un vecteur constant.

Cette partie n'est pas obligatoire pour le livre, mais vous devez savoir que la création d'une fonction de perte personnalisée est possible. Vous pouvez consulter la documentation TensorFlow si vous souhaitez approfondir le sujet.

Gardez à l'esprit que la personnalisation d'une fonction de perte et la création d'une métrique avec scikit-learn sont deux choses distinctes; ne les confondez pas. Avec les métriques personnalisées de scikit-learn, nous entraînons un modèle en utilisant une MSE ou une autre fonction essentielle et nousous prenons les meilleurs modèles en suivant les métriques créées. Cependant, la fonction de perte personnalisée dans TensorFlow est la fonction qui calcule l'erreur du modèle (comme MSE dans scikit-learn).

13.3.3. Prédiction et backtest

Dans cette partie, nous allons backtester la stratégie créée en utilisant la perte personnalisée et la stratégie utilisant l'entraînement DNN avec la perte MSE.

Comme nous pouvons le voir sur la figure et comme nous l'avons dit dans la dernière partie, la perte personnalisée n'est pas pour les débutants. En effet, la stratégie de perte personnalisée est bonne mais pas meilleure que la stratégie utilisant le MSE.

Figure 13.8 : Backtest de la stratégie utilisant MSE et MSE alpha

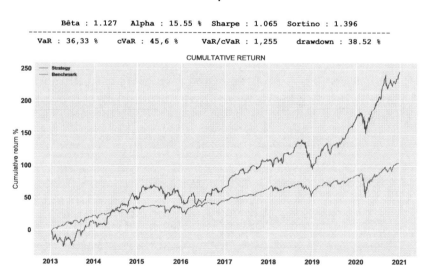

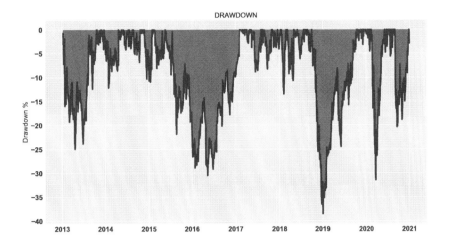

MSE

Bêta : 1.127	Alpha : 15.55 %	Sharpe : 1.065	Sortino : 1.396
VaR : 36,33 %	cVaR : 45,6 %	VaR/cVaR : 1,255	drawdown : 38.52 %

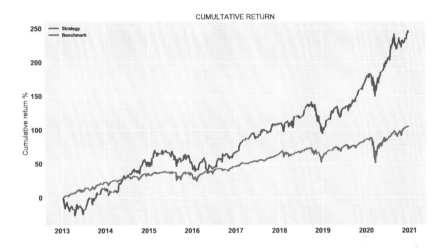

255

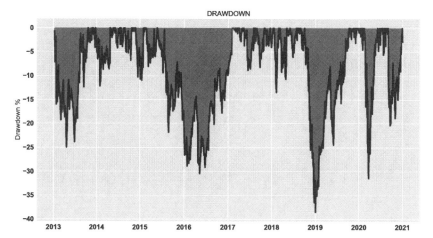

Cette figure montre que la fonction de perte personnalisée n'a pas d'impact sur les performances car les deux backtests sont similaires.

Avec le DNN, nous obtenons d'excellents résultats, mais le DNN ne considère pas que nous travaillons avec une série temporelle.

Résumé

- Le processus derrière un neurone est comme une régression linéaire. Cependant nous mettons le y dans une activation de fonction.

- Il existe de nombreuses fonctions d'activation. Cependant, les plus utilisées sont la fonction ReLu et la sigmoïde. Le choix de la fonction est crucial dans certaines situations.

- L'élément essentiel dans la descente de gradient est le taux d'apprentissage. De plus, nous utilisons la descente de gradient stochastique pour éviter de tomber sur un minimum local.

- La rétropropagation est le moment où nous changeons les poids du modèle. Ainsi, sans cette partie, nous ne pouvons pas entraîner notre modèle.

- Nous pouvons personnaliser une fonction de perte. Cependant, il faut beaucoup de connaissances en apprentissage profond pour le faire correctement. Ainsi, si nous ne sommes pas à l'aise avec les notions des livres, nous ne devrions pas nous lancer dans ce sujet.

Application Live Trading et Screener

Ce code est basé sur la classe créée dans l'annexe : MetaTrader

Code 13.6 : Application Trading / Régresseur ANN

```python
from MT5 import *

import numpy as np

import pandas as pd

import warnings

warnings.filterwarnings("ignore")

import time

import pickle

from joblib import dump, load


import os

from sklearn.preprocessing import StandardScaler

import tensorflow

from tensorflow.keras.models import Sequential

from tensorflow.keras.layers import Dense


path = "" # Ex: C:/Desktop/Python_for_finance_and_algorithmic_trading/
ChapterN/


def ANN():
    # Create the model
    nb_hidden_layer = 1


    # INTIALIZATION SEQUENTIAL MODEL
    alg = Sequential()
```

```python
    # ADD HIDDEN LAYER
    for _ in range(nb_hidden_layer):
        alg.add(Dense(75, input_shape = (5,), activation="relu"))


    # OUTPUT LAYER DENSE
    alg.add(Dense(1, activation="linear"))


    # COMPILE THE MODEL
    alg.compile(loss="mse", optimizer="adam")
    return alg

def create_model_weights(symbol):
    """ Weights for Linear regression on the percentage change"""
    # Import the data
    data = MT5.get_data(symbol, 3500)[["close"]].pct_change(1)


    # Create new variable
    data.columns = ["returns"]


    # Features engeeniring
    data["returns t-1"] = data[["returns"]].shift(1)


    # Mean of returns
    data["mean returns 15"] = data[["returns"]].rolling(15).mean()
.shift(1)
    data["mean returns 60"] = data[["returns"]].rolling(60).mean()
.shift(1)


    # Volatility of returns
    data["volatility returns 15"] = data[["returns"]].rolling(15).std()
.shift(1)
    data["volatility returns 60"] = data[["returns"]].rolling(60).std()
.shift(1)


    # Split the data
```

```python
        data = data.dropna()
        split = int(0.80*len(data))

        # Train set creation
        X_train = data[["returns t-1", "mean returns 15", "mean returns 60",
                "volatility returns 15",
                "volatility returns 60"]].iloc[:split]
        y_train = data[["returns"]].iloc[:split]

        # Initialize the class
        sc = StandardScaler()

        # Standardize the data
        X_train = sc.fit_transform(X_train)

        alg = ANN()

        # TRAINING
        alg.fit(X_train, y_train, epochs=13, batch_size=32, verbose=1)

        # Save the model
        alg.save_weights(os.path.join(path,f"Models/ANN_reg_{symbol}"))

def ANN_cla_sig(symbol):
    """ Function for predict the value of tommorow using ARIMA model"""

    # Create the weights if there is not in the folder
    try:
        alg = ANN()
        alg.load_weights(os.path.join(path,f"Models/ANN_reg_{symbol}"))
    except:
        create_model_weights(symbol)
        alg = ANN()
        alg.load_weights(os.path.join(path,f"Models/ANN_reg_{symbol}"))

    # Take the lastest percentage of change
    data = MT5.get_data(symbol, 3500)[["close"]].pct_change(1)
    # Create new variable
```

259

```python
    data.columns = ["returns"]


    # Features engeeniring
    data["returns t-1"] = data[["returns"]].shift(1)


    # Mean of returns
    data["mean returns 15"] = data[["returns"]].rolling(15).mean()
.shift(1)
    data["mean returns 60"] = data[["returns"]].rolling(60).mean()
.shift(1)


    # Volatility of returns
    data["volatility returns 15"] = data[["returns"]].rolling(15).std()
.shift(1)
    data["volatility returns 60"] = data[["returns"]].rolling(60).std()
.shift(1)


    X = data[["returns t-1", "mean returns 15", "mean returns 60",
              "volatility returns 15",
              "volatility returns 60"]].iloc[-1:,:].values


    # Find the signal
    prediction = alg.predict(X)
    prediction = np.where(prediction==0, -1, 1)
    buy = prediction[0][0] > 0
    sell = not buy



    return buy, sell



# True = Live Trading and False = Screener
live = True


if live:
    current_account_info = mt5.account_info()
    print("-------------------------------------------------------------")
    print("Date: ", datetime.now().strftime("%Y-%m-%d %H:%M:%S"))
```

```python
    print(f"Balance: {current_account_info.balance} USD, \t"
          f"Equity: {current_account_info.equity} USD, \t"
          f"Profit: {current_account_info.profit} USD")
    print("--------------------------------------------------------------")



info_order = {
    "Apple": ["AAPL.a", 1.00]
}



start = datetime.now().strftime("%H:%M:%S")#"23:59:59"
while True:
    # Verfication for launch
    if datetime.now().weekday() not in (5,1):
        is_time = datetime.now().strftime("%H:%M:%S") == start
    else:
        is_time = False



    # Launch the algorithm
    if is_time:



        # Open the trades
        for asset in info_order.keys():



            # Initialize the inputs
            symbol = info_order[asset][0]
            lot = info_order[asset][1]



            # Create the signals
            buy, sell = ANN_cla_sig(symbol)



            # Run the algorithm
```

```
        if live:

            MT5.run(symbol, buy, sell,lot)


        else:

            print(f"Symbol: {symbol}\t"

                  f"Buy: {buy}\t"

                  f"Sell: {sell}")

    time.sleep(1)
```

 Le paramètre live définit le mode de trading en live trading (live = True) ou le mode screener (live = False).

Chapitre 14 : Réseau neuronal récurrent

Dans ce chapitre, nous allons parler des réseaux de neurones récurrents (RNN). Cet algorithme spécialisé dans les séries temporelles peut être un allié précieux pour créer une stratégie de trading car nous les prix des actifs boursiers sont des séries temporelles. De plus, c'est l'un des algorithmes de deep learning les plus complexes. Nous allons mettre en œuvre les stratégies en utilisant l'action Netflix.

14.1 Principes des RNN

Dans cette section, nous allons apprendre comment fonctionne un RNN. Ici nous allons voir la base du RNN, mais vous pouvez consulter certains articles sur Internet si vous souhaitez approfondir le sujet.

14.1.1. Comment fonctionne un RNN

Cette partie abordera l'intuition derrière le RNN. Les modèles RNN sont spécialisés dans la modélisation des séries temporelles. En effet, la structure du réseau est légèrement différente de l'ANN car les couches cachées sont interconnectées.

L'interconnexion entre la couche cachée permet au modèle de se "souvenir" du passé. Dans le RNN, il y a deux types de mémoire à la place du ANN. Le RNN a sa mémoire à long terme mais aussi une mémoire à court terme créée par l'interconnexion dont nous parlons précédemment.

Nous avons besoin d'une petite représentation pour mieux comprendre le fonctionnement d'un RNN. Pour ce faire, nous devons simplifier la représentation de l'ANN. Nous allons schématiser l'ANN seulement avec sa couche et pas tous les neurones. Cela nous permet de visualiser le modèle de manière directe afin de créer plus facilement la représentation du RNN. Voyons la figure 14.1.

Figure 14.1 : Nouvelle schématisation de l'ANN

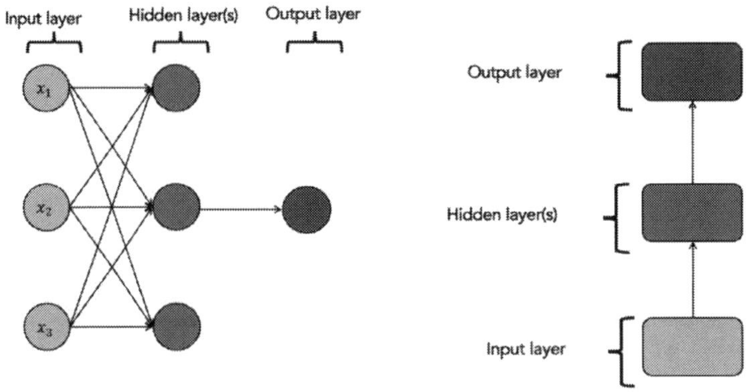

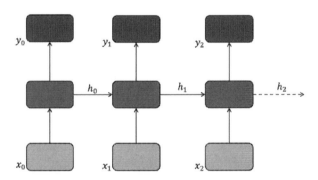

Cette figure montre la représentation d'un ANN en utilisant la couche uniquement avec le carré au lieu de la couche de gauche avec tous les neurones. Cependant, il s'agit du même ANN.

Figure 14.2 : Schématisation du RNN

Comme on peut le voir, le RNN n'est rien d'autre qu'un ANN connecté. Nous voyons que l'information de la couche cachée est donnée directement à la couche cachée suivante, et qu'elle n'est pas intégrée seulement avec les poids des modèles.

Le problème avec le RNN est que le modèle peut avoir quelques problèmes avec le gradient étant donné qu'il y'a beaucoup plus de dérivations que dans le cas de l'ANN, ce qui peut entraîner des problèmes de gradient de fuite. En même temps, les chercheurs ont trouvé une solution à ce problème. Ils ont créés de nouveaux neurones appelés neurones à mémoire à long terme (LSTM). Cette structure est légèrement différente de celle d'un neurone que nous avons dans la section précédante, nous devons donc l'étudier.

14.1.2. Le neurone LSTM

Comment fonctionne une cellule LSTM ? Naturellement, il ne s'agit pas d'un cours de deep learning. Donc, si vous voulez mieux comprendre la cellule LSTM, vous devez aller sur internet car ce sujet n'est pas pertinent pour ce livre. Nous allons voir à quoi ressemble une cellule LSTM. Ensuite, nous expliquerons la différence entre les cellules dense et LSTM.

Figure 14.3 : Cellule LSTM

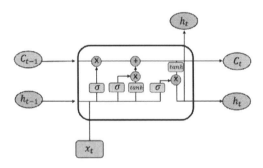

Cette figure montre le fonctionnement d'une cellule LSTM où la mémoire au temps t est C_t et l'information h_t. On peut donc dire qu'il y'a deux types de mémoire : une à long terme et une à court terme.

Pour mieux comprendre la cellule LSTM, nous allons prendre un petit exemple. Supposons que nous ayons un algorithme qui prédit le mot suivant, par exemple. Nous avons besoin de C, qui est la phrase, de h, qui est un adjectif, et de x, le mot précédent.

Le sigma est la fonction d'activation sigmoïde. Le plus ajoute l'information cela fonctionne comme une vanne de plomberie il va laisser passer l'information ou non en utilisant la propriété de la fonction sigmoïde.

Nous n'allons donc pas plus en profondeur. Il peut être compréhensible que cette notion ne soit pas comprise. Cependant, cette section nous donne seulement quelques informations pour mieux comprendre comment nous allons créer la stratégie en utilisant le RNN et non pas être un cours complet de deep learning. Si vous ne comprenons pas cette explication, ne vous inquiétez pas, nous pouvons continuer le livre sans la comprendre.

14.1.3. Cellule GRU

Dans cette partie, nous allons voir des dérivés du neurone LSTM, le Gated Recurrent Unit (GRU). C'est une excellente alternative au LSTM car il ne prend que les informations du neurone précédent et non la mémoire, ce qui peut être problématique dans notre cas. En effet, supposons que nous nous souvenions de la réaction du marché il y a 15 ans. Dans ce cas, ce ne sera pas la même réaction que celle du marché aujourd'hui car les situations du marché ont changé, les technologies ont progressées, etc.

Figure 14.4 : Cellule GRU

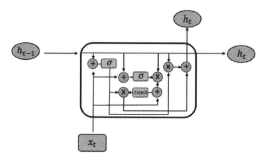

Comme nous pouvons le voir dans la cellule GRU, il y'a uniquement l'information h nous ne considérons pas la mémoire C_t comme dans le LSTM.

 Même si le GRU et le LSTM diffèrent, vous devez les tester tous les deux lorsque vous créez votre stratégie de trading sur un modèle RNN.

Dans cette section, nous avons vu beaucoup d'informations sur les RNN. Nous pouvons relire cette section si nous sommes mal à l'aise avec cette notion ou passer à la section suivante car la théorie est nécessaire pour comprendre ce que nous faisons mais pas pour créer le modèle. Après tout, nous connaissons déjà le fonctionnement d'un ANN. Le RNN est similaire même s'il a quelques spécificités. Maintenant, nous sommes prêts à commencer le code du RNN en utilisant TensorFlow.

14.2. RNN pour la classification

Nous verrons comment transformer nos données en données 3D (nécessaires à la classification et à la régression et mettre en œuvre notre modèle) et comment backtester la stratégie créée.

14.2.1. Transformer des données 2d en données 3d

Cette partie va vous expliquer pourquoi et comment transformer nos données 2d en données 3d. Si nous avons bien compris la théorie derrière le RNN (même si c'est très difficile avec les informations qui vous sont données), nous avons compris que ce réseau prend pour chaque x, une matrice de forme (lags, m) où lags est le nombre de lags et m est le nombre de caractéristiques. Ainsi, si nous avons n observations, nous avons une matrice de forme (n, lags, m). La figure 14.5 représente la base de données dont nous avons besoin.

Figure 14.5 : schématisation des données pour un RNN

Une observation Toutes les observations

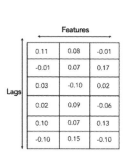
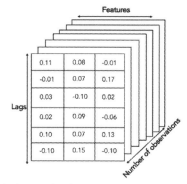

Comme nous pouvons le voir, la base de données pour un RNN doit être tridimensionnelle. Ce sont les mêmes règles que pour l'ANN. Cependant, pour l'ANN, nous avons une ligne comme observation, donc un tableau à 1 dimension, et quand nous en avons plus d'une, la matrice devient à 2 dimensions. Au lieu du RNN, qui a besoin d'un tableau à 2 dimensions PAR observation. Naturellement, si nous en avons plus d'un, le tableau sera à 3 dimensions.

Code 14.1 : Transformer des données 2d en données 3d

```python
def X_3d_RNN(X_s, y_s, lag):

    # Simple verification
    if len(X_s) != len(y_s):
        print("Warnings")


    # Create the X_train
    X_train = []
    for variable in range(0, X_s.shape[1]):
        X = []
        for i in range(lag, X_s.shape[0]):
            X.append(X_s[i-lag:i, variable])
        X_train.append(X)
    X_train, np.array(X_train)
    X_train = np.swapaxes(np.swapaxes(X_train, 0, 1), 1, 2)


    # Create the y_train
    y_train = []
```

```
for i in range(lag, y_s.shape[0]):
    y_train.append(y_s[i, :].reshape(-1,1).transpose())
y_train = np.concatenate(y_train, axis=0)
return X_train, y_train
```

Pour vérifier si le X_*train* et le y_*train* ont la même taille, nous affichons un message mias nous ne soulevons pas d'erreur car, pour une raison quelconque, nous pouvons utiliser X_*train* et y_*train* avec des longueurs différentes.

Nous notons que le y_train ne changera pas de forme, mais nous le mettons dans la fonction pour décaler la valeur en raison des lags. Maintenant, nous avons les données dans un format approprié. Nous pouvons commencer à implémenter le classificateur RNN en utilisant TensorFlow.

14.2.2. Mise en œuvre du modèle

La création du réseau en Python sera très similaire à celle de l'ANN. Nous allons donc seulement souligner les nouveaux points. Avec la fonction LSTM, nous avons un nouvel argument qui est *return_sequences*. Pour faciliter les choses, si ce paramètre est false, nous retournerons un tableau à 2 dimensions, et s'il est True, nous retournerons un tableau à 3 dimensions. Nous devons donc le placer au bon endroit. Si nous n'utilisons pas notre fonction de perte personnalisée, nous n'aurons aucun problème avec cela, mais si nous utilisons notre fonction de perte, nous devons utiliser ce paramètre correctement.

Code 14.2 : Classificateur RNN

```
# LIBAIRIES
import tensorflow
from tensorflow.keras.models import Sequential
from tensorflow.keras.layers import Dense, LSTM


# INITIALIZATION OF THE MODEL
```

```
classifier = Sequential()


# ADD LSTM LAYER

classifier.add(LSTM(units = 10, return_sequences = True,
                    input_shape =
(X_train_3d.shape[1],X_train_3d.shape[2],)))
# LOOP WHICH ADD LSTM LAYER
for _ in range(1):
    classifier.add(LSTM(units = 10, return_sequences = True))


# LAST LSTM LAYER BUT WITH return_sequences = False
classifier.add(LSTM(units = 10, return_sequences = False))



# OUTPUT DENSE LAYER
classifier.add(Dense(1, activation="sigmoid"))


# COMPILE THE MODEL
classifier.compile(loss="binary_crossentropy", optimizer="adam")
# TRAINING
classifier.fit(X_train_3d, y_train_3d, epochs=15, batch_size=32,
verbose=1)
```

 Comme nous le voyons, le RNN a besoin de beaucoup de ressources. Pour éviter le calcul, vous pouvez prendre un modèle déjà entraîné sur internet et le modifier un peu pour l'adapter à vos données. Vous pouvez également utiliser le GPU, le CPU ou le TPU sur Google Colab.

14.2.3. Prédiction et backtest

Maintenant que nous avons notre algorithme, nous allons voir les légères différences dans le code lorsque nous voulons faire une prédiction et un backtest avec une stratégie utilisant un RNN.

Code 14.3 : Prédictions et backtest

```
# Create predictions for the whole dataset
y_pred_train = np.concatenate((np.zeros([lag,1]),
classifier.predict(X_train_3d)),axis=0)
y_pred_test = np.concatenate((np.zeros([lag,1]),
classifier.predict(X_test_3d)),axis=0)


df["prediction"] = np.concatenate((y_pred_train,y_pred_test),
                                    axis=0)
df["prediction"] = np.where(df["prediction"] == 0, -1,1)


# Compute the strategy
df["strategy"] = np.sign(df["prediction"]) * df["returns"]
# Backtest
backtest_dynamic_portfolio(df["strategy"].iloc[split+lag:])
```

 Nous devons ajouter un vecteur de 0 des longueurs du lag pour nous assurer que les données seront au bon endroit. Nous avons supprimé 15 jours de données en utilisant la fonction pour transformer les données en 3d.

Comme nous pouvons le voir sur le backtest, c'est un excellent algorithme car la croissance du capital est très stable. Nous avons d'excellents indicateurs comme le ratio de Sharpe supérieur à 1, mais nous avons un drawdown à 45% ; c'est pourquoi nous verrons dans le chapitre dans lequel nous allons créer le projet, comment nous pouvons créer un portefeuille de stratégies pour diminuer la volatilité du portefeuille (comme précédemment dans le chapitre 3 sur l'optimisation statique du portefeuille).

Figure 14.6 : Backtest de la stratégie utilisant les prédictions RNN sur le titre Netflix

Beta : 0.953	Alpha : 28.52 %	Sharpe : 1.04	Sortino : 1.539
VaR : 52,82 %	cVaR : 66,92 %	VaR/cVaR : 1,267	drawdown : 44.18 %

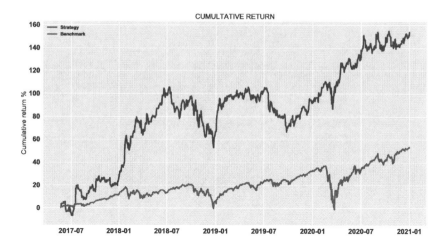

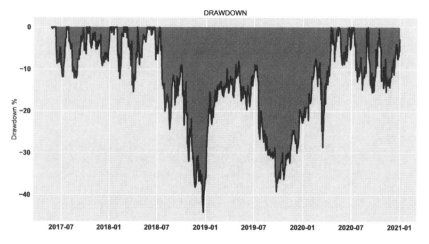

14.3. RNN pour regression

Cette section va expliquer comment faire un régresseur RNN et créer une fonction pour en automatiser la construction. Pour ce faire, nous allons faire une toute petite précision sur la normalisation. Ensuite, nous verrons une nouvelle fonction de deep learning nommée dropout et comment exécuter notre stratégie de trading créée avec le RNN régresseur.

14.3.1. Précision sur la normalisation

Précédemment, nous avons dit que la normalisation ne devait pas être appliquée à la cible. VRAI ! Cependant, en utilisant le RNN, X et y seront utilisés pour entraîner le modèle. Donc, il sera préférable de normaliser les y pour diminuer le temps de calcul. Cependant, lors des prédictions nous devons faire la transformation inverse sur les y par la suite pour obtenir les bonnes valeurs d'échelle pour prendre nos décisions d'investissement.

Code 14.4 : Normalisation de la cible

```
# STANDARDIZATION
sc_y = StandardScaler()
y_train_scaled = sc_y.fit_transform(y_train_reg)
y_test_scaled = sc_y.transform(y_test_reg)
```

 Il est indispensable de créer une nouvelle variable sc_y pour normaliser ces données et de la conserver car nous avons la transformée inverse à faire une fois que l'algorithme donne des prédictions.

14.3.2. Mise en œuvre du modèle

Cette partie expliquera un nouveau concept, la couche d'exclusion (couche dropout). Pour une meilleure utilisation, nous créons une fonction RNN qui nous permet de créer un modèle en prenant seulement quelques paramètres nécessaires.
Tout d'abord, parlons du dropout. C'est une chose passionnante et très simple. C'est une couche que nous ajoutons au modèle, qui désactive un pourcentage des neurones d'une couche. Cependant, pourquoi voulons-nous faire cela ?

L'ajout d'une couche d'exclusion est très utile de deux manières principales :

273

- **Meilleure formation** : Désactivez certains neurones et contraindre les autres à apprendre plus que d'habitude afin que le modèle soit mieux entraîné.

- **Réduire le risque d'overfitting** : le dropout nous permet de réduire le risque d'overfitting car le fait de désactiver aléatoirement certains neurones oblige les autres neurones à ne pas se concentrer sur un seule caractéristique mais plusieurs.

Code 14.5 : Factorisation de l'implémentation du RNN dans une fonction

```python
def RNN(number_neurons, number_hidden_layer, shape, loss="mse",
metrics=["mae"], activation="linear", optimizer="adam",
pct_dropout=0.5):


    # LIBAIRIES
    import tensorflow
    from tensorflow.keras.models import Sequential
    from tensorflow.keras.layers import Dense, LSTM, Dropout


    # INITIALIZATION OF THE DATA
    model = Sequential()


    # ADD LSTM LAYER
    model.add(LSTM(units = number_neurons, return_sequences = True,
          input_shape = shape))


    # ADD DROPOUT LAYER
    model.add(Dropout(pct_dropout))


    # LOOP WHICH ADD LSTM AND DROPPOUT LAYER
    for _ in range(number_hidden_layer):
      model.add(LSTM(units = number_neurons, return_sequences =
True))
      model.add(Dropout(pct_dropout))


    # LAST LSTM LAYER BUT WITH return_sequences = False TO HAVE 2D
ARRAY
```

```
    model.add(LSTM(units = number_neurons, return_sequences = False))


    # ADD DROPOUT LAYER
    model.add(Dropout(pct_dropout))


    # OUTPUT DENSE LAYER
    model.add(Dense(1, activation=activation))


    # COMPILE THE MODEL
    model.compile(loss=loss, optimizer=optimizer, metrics=metrics)
    return model


regressor = RNN(15, 3, taille =
(X_train_3d.shape[1],X_train_3d.shape[2]),
                loss = "mse", metrics=["mae"],
activation="linear",
                optimizer="adam", pct_dropout=0.65)


regressor.fit(X_train_3d, y_train_3d, epochs=1, batch_size=32,
verbose=1)
```

14.3.3. Prédictions et backtest

Dans cette partie, nous verrons comment faire la transformation inverse de la normalisation et backtester la stratégie de trading en utilisant un régresseur RNN.

Code 14.6 : Transformée de normalisation inverse et backtest

```
# Create predictions for the whole dataset


# Inverse transform
y_train_sc = sc_y.inverse_transform(regressor.predict(X_train_3d))


# Predictions
y_pred_train = np.concatenate((np.zeros([lag,1]),y_train_sc),
                                axis=0)
```

275

```
# Inverse transform

y_test_sc = sc_y.inverse_transform(regressor.predict(X_test_3d))


# Predictions

y_pred_test = np.concatenate((np.zeros([lag,1]),y_test_sc),

                                       axis=0)



df["prediction"] = np.concatenate((y_pred_train,y_pred_test),

                                       axis=0)



# Compute the strategy

df["strategy"] = np.sign(df["prediction"]) * df["returns"]


# Backtest

backtest_dynamic_portfolio(df["strategy"].iloc[split+lag:])
```

Comme le montre la figure 14.7, il est le même que pour le classificateur au lieu de l'abandon. Cela signifie qu'il n'y a pas de surajustement dans le classificateur.

Figure 14.7 : Backtest de la stratégie utilisant les prédictions RNN sur le titre Netflix

```
    Beta : 0.953      Alpha : 28.52 %    Sharpe : 1.04      Sortino : 1.539
--------------------------------------------------------------------------------
   VaR : 52,82 %     cVaR : 66,92 %    VaR/cVaR : 1,267   drawdown : 44.18 %
```

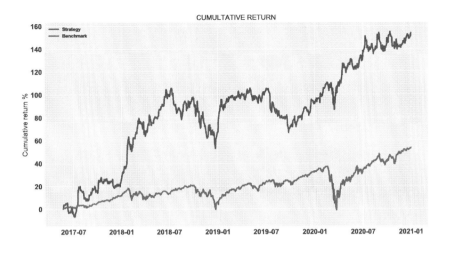

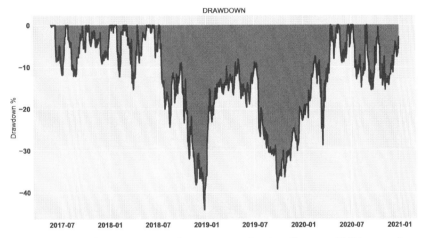

La stratégie a les mêmes rendements que le classificateur RNN, ce qui est possible car il s'entraîne sur les mêmes données.

Avant de clore ce chapitre, voici quelques points concernant l'apprentissage profond qui doivent être soulignés :

- Les algorithmes **ont besoin de nombreuses données**, près de 50 000 ou 100 000 au minimum, pour être entraînés, même si nous avons pris ici une toute petite base de données.

- Les algorithmes d'apprentissage profond sont **les plus puissants** mais aussi les plus difficiles à entraîner en raison du nombre d'hyperparamètres.

277

- **Le risque de surajustement** augmente avec le nombre de paramètres. Les réseaux neuronaux sont donc très touchés par ces problèmes.

Résumé

- Les données doivent être tridimensionnelles pour former un RNN car chaque observation est une matrice bidimensionnelle.

- Le réseau neuronal récurrent est utile lorsque nous travaillons sur des séries chronologiques.

- La couche d'abandon (d'exclusion ou dropout) nous permet de désactiver certains neurones afin d'optimiser l'apprentissage et d'éviter l'overfitting.

Application Live Trading et Screener

Ce code est basé sur la classe créée dans l'annexe : MetaTrader

Code 14.7 : Application Trading / Régresseur RNN

```python
from MT5 import *
import numpy as np
import pandas as pd
import warnings
warnings.filterwarnings("ignore")
import time
import pickle
from joblib import dump, load
import os
from sklearn.preprocessing import StandardScaler
from tensorflow.keras.models import Sequential
from tensorflow.keras.layers import Dense, LSTM, Dropout


path = "" # Ex: C:/Desktop/Python_for_finance_and_algorithmic_trading/
ChapterN/
```

```python
def X_3d_RNN(X_s, y_s, lag):

    # Simple verification
    if len(X_s) != len(y_s):
        print("Warnings")

    # Create the X_train
    X_train = []
    for variable in range(0, X_s.shape[1]):
        X = []
        for i in range(lag, X_s.shape[0]):
            X.append(X_s[i-lag:i, variable])
        X_train.append(X)
    X_train, np.array(X_train)
    X_train = np.swapaxes(np.swapaxes(X_train, 0, 1), 1, 2)

    # Create the y_train
    y_train = []
    for i in range(lag, y_s.shape[0]):
        y_train.append(y_s[i, :].reshape(-1,1).transpose())
    y_train = np.concatenate(y_train, axis=0)
    return X_train, y_train


def RNN():
    # Create the model
    number_hidden_layer = 15
    number_neurons = 10
    loss="mse"
    metrics=["mae"]
    activation="linear"
    optimizer="adam"
    pct_dropout=0.5

    # INITIALIZATION OF THE DATA
    model = Sequential()
```

```python
    # ADD LSTM LAYER
    model.add(LSTM(units = number_neurons, return_sequences = True,
input_shape = (15,5,)))


    # ADD DROPOUT LAYER
    model.add(Dropout(pct_dropout))


    # LOOP WHICH ADD LSTM AND DROPPOUT LAYER
    for _ in range(number_hidden_layer):
        model.add(LSTM(units = number_neurons, return_sequences = True))
        model.add(Dropout(pct_dropout))


    # LAST LSTM LAYER BUT WITH return_sequences = False
    model.add(LSTM(units = number_neurons, return_sequences = False))


    # ADD DROPOUT LAYER
    model.add(Dropout(pct_dropout))


    # OUTPUT DENSE LAYER
    model.add(Dense(1, activation=activation))


    # COMPILE THE MODEL
    model.compile(loss=loss, optimizer=optimizer, metrics=metrics)
    return model


def create_model_weights(symbol):
    """ Weights for Linear regression on the percentage change"""
    # Import the data
    data = MT5.get_data(symbol, 3500)[["close"]].pct_change(1)


    # Create new variable
    data.columns = ["returns"]


    # Features engeeniring
    data["returns t-1"] = data[["returns"]].shift(1)


    # Mean of returns
    data["mean returns 15"] = data[["returns"]].rolling(15).mean()
```

```
.shift(1)
    data["mean returns 60"] = data[["returns"]].rolling(60).mean()
.shift(1)


    # Volatility of returns
    data["volatility returns 15"] = data[["returns"]].rolling(15).std()
.shift(1)
    data["volatility returns 60"] = data[["returns"]].rolling(60).std()
.shift(1)


    # Split the data
    data = data.dropna()
    split = int(0.80*len(data))


    # Train set creation
    X_train = data[["returns t-1", "mean returns 15", "mean returns 60",
            "volatility returns 15",
            "volatility returns 60"]].iloc[:split]
    y_train = np.round(data[["returns"]].iloc[:split]+0.5)



    # Initialize the class
    sc = StandardScaler()


    # Standardize the data
    X_train = sc.fit_transform(X_train)


    lag = 15
    X_train, y_train = X_3d_RNN(X_train, y_train.values, 15)


    alg = RNN()


    # TRAINING
    alg.fit(X_train, y_train, epochs=1, batch_size=32, verbose=1)


    # Save the model
    print("Train the model because there are no existed weights")
    alg.save_weights(os.path.join(path,f"Models/RNN_reg_{symbol}"))
```

281

```python
def RNN_reg_sig(symbol):
    """ Function for predict the value of tommorow using ARIMA model"""

    # Create the weights if there is not in the folder
    try:
        alg = RNN()
        alg.load_weights(os.path.join(path,f"Models/RNN_reg_{symbol}"))
    except:
        create_model_weights(symbol)
        alg = RNN()
        alg.load_weights(os.path.join(path,f"Models/RNN_reg_{symbol}"))

    # Take the lastest percentage of change
    data = MT5.get_data(symbol, 3500)[["close"]].pct_change(1)
    # Create new variable
    data.columns = ["returns"]

    # Features engeeniring
    data["returns t-1"] = data[["returns"]].shift(1)

    # Mean of returns
    data["mean returns 15"] = data[["returns"]].rolling(15).mean()
.shift(1)
    data["mean returns 60"] = data[["returns"]].rolling(60).mean()
.shift(1)

    # Volatility of returns
    data["volatility returns 15"] = data[["returns"]].rolling(15).std()
.shift(1)
    data["volatility returns 60"] = data[["returns"]].rolling(60).std()
.shift(1)


    X = data[["returns t-1", "mean returns 15", "mean returns 60",
              "volatility returns 15",
              "volatility returns 60"]]
```

```python
    # Initialize the class
    sc = StandardScaler()


    # Standardize the data
    X = sc.fit_transform(X)


    y = data[["returns t-1"]]


    X, _ = X_3d_RNN(X, y.values, 15)


    X = X[-1:,:,:]


    # Find the signal
    prediction = alg.predict(X)
    buy = prediction[0][0] > 0
    sell =not buy



    return buy, sell
# True = Live Trading and Flse = Screener
live = True
if live:
    current_account_info = mt5.account_info()
    print("------------------------------------------------------------")
    print("Date: ", datetime.now().strftime("%Y-%m-%d %H:%M:%S"))
    print(f"Balance: {current_account_info.balance} USD, \t"
          f"Equity: {current_account_info.equity} USD, \t"
          f"Profit: {current_account_info.profit} USD")
    print("------------------------------------------------------------")



info_order = {
    "Netflix": ["Netflix_Inc_(NFLX.O)", 1.00]
}



start = datetime.now().strftime("%H:%M:%S")#"23:59:59"
```

283

```python
while True:

    # Verfication for launch
    if datetime.now().weekday() not in (5,1):

        is_time = datetime.now().strftime("%H:%M:%S") == start

    else:

        is_time = False



    # Launch the algorithm
    if is_time:


        # Open the trades
        for asset in info_order.keys():


            # Initialize the inputs
            symbol = info_order[asset][0]
            lot = info_order[asset][1]


            # Create the signals
            buy, sell = RNN_reg_sig(symbol)


             # Run the algorithm
            if live:

                MT5.run(symbol, buy, sell,lot)


            else:

                print(f"Symbol: {symbol}\t"
                    f"Buy: {buy}\t"
                    f"Sell: {sell}")

    time.sleep(1)
```

Le paramètre live définit le mode de trading en live trading (live = True) ou le mode screener (live = False).

Chapitre 15 : Bonus / Exemple de RNN avec CNN (RCNN)

Dans ce bonus, nous allons voir un exemple d'un algorithme d'apprentissage profond avancé, le RCNN, qui combine un 1d-CNN[17] et un RNN. Il nous permet de garder le meilleur des deux modèles.

En effet, le RNN est bon pour trouver des relations dans le temps car c'est un algorithme d'analyse de séries temporelles. En même temps, le CNN peut comprendre d'autres caractéristiques parce qu'il a une méthode d'ajustement différente.

15.1. Intuition du CNN

La spécialité du réseau neuronal convolutif (CNN) est qu'il fonctionne avec des filtres. Les filtres d'une couche CNN sont comme le nombre de neurones d'un RNN. Plus il y a de filtres, plus l'algorithme est complexe. Le CNN est principalement utilisé pour la détection d'images. Nous allons expliquer un peu la notion en utilisant l'exemple d'une image.

Figure 15.1 : Intuition derrière le CNN

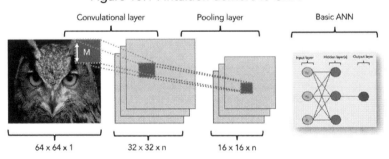

Dans cette figure, nous pouvons voir la représentation du fonctionnement du CNN.

---

[17] **Lecture supplémentaire** : Introduction to Convolutional Neural Networks (CNN), Manav Mandal

- M est la longueur de la bande, qui est un paramètre important. Si la bande est trop petite, notre algorithme prend trop de temps pour s'entraîner, ce qui augmente le risque de surajustement. N'oubliez pas que plus vous augmentez la complexité, plus le risque d'overfitting augmente.

- N est le nombre de filtres. Plus il y a de filtres, plus ils sont puissants et prennent du temps durant l'entraîner.

- La couche convolutive est créée par la fonction conv1D ou conv2D de TensorFlow.

- La couche pooling nous permet de réduire la taille des poids, mais nous ne l'utiliserons pas dans notre modèle.

15.2. Créer un RCNN

Chaque réseau neuronal possède plusieurs structures, notamment celui-ci, qui en combine plusieurs. Nous utiliserons un CNN unidimensionnel car il a besoin de données tridimensionnelles comme le RNN.

Figure 15.2 : Description du modèle

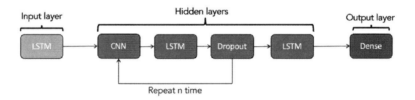

Notre modèle est un peu plus complexe que les autres. En effet, il combine RNN, CNN, et dropout.

Code 15.1 : RCNN

```
def RCNN(number_neurons, number_hidden_layer, shape, loss="mse",
metrics=["mae"], activation="linear", optimizer="adam",
pct_dropout=0.5):
```

286

```python
# LIBAIRIES
import tensorflow
from tensorflow.keras.models import Sequential
from tensorflow.keras.layers import Conv1D, Dense, LSTM, Dropout


# INITIALIZATION OF THE DATA
model = Sequential()


# ADD LSTM LAYER
model.add(LSTM(units = number_neurons, return_sequences = True,
input_shape = shape))


# ADD DROPOUT LAYER
model.add(Dropout(pct_dropout))


# LOOP WHICH ADD LSTM AND DROPPOUT LAYER
for _ in range(number_hidden_layer):
    model.add(Conv1D(64,3, activation='relu'))
    model.add(LSTM(units = number_neurons, return_sequences =
True))
    model.add(Dropout(pct_dropout))


# LAST LSTM LAYER BUT WITH return_sequences = False
model.add(LSTM(units = number_neurons, return_sequences = False))


# OUTPUT DENSE LAYER
model.add(Dense(1, activation=activation))


# COMPILE THE MODEL
model.compile(loss=loss, optimizer=optimizer, metrics=metrics)
return model

regressor = RNN(15, 3, shape =
(X_train_3d.shape[1],X_train_3d.shape[2]),
                loss = "mse", metrics=["mae"],
activation="linear",
                optimizer="adam", pct_dropout=0.65)
```

287

```
regressor.fit(X_train_3d, y_train_3d, epochs=1, batch_size=32,
verbose=1)
```

15.3. Backtest

Dans cette section, nous allons backtester la stratégie de trading basée sur un RCNN. Pour cela, nous utiliserons la même fonction que celle créée précédemment dans le chapitre 5.

Figure 15.3 : Backtest de la stratégie utilisant les prédictions RCNN de Google

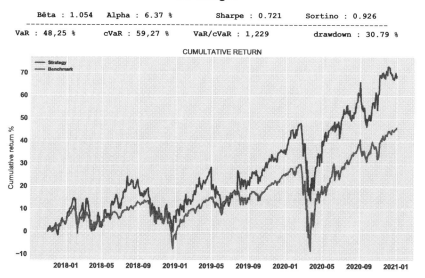

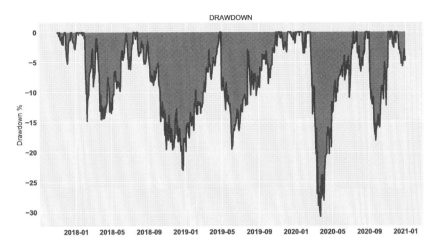

La stratégie est bonne car les ratios alpha, Sharpe et Sortino sont positifs. Le bêta est proche de 1, ce qui signifie que nous sommes corrélés aux rendements du marché. Le drawdown est proche de 30%, ce qui est élevé mais acceptable pour une stratégie sans combinaison d'autres stratégies.

289

Chapitre 16 : Projet live trading de A à Z

Dans le chapitre précédent, nous avons vu beaucoup de techniques et d'algorithmes issus de nombreux domaines. Nous allons voir que pour mettre en place un algorithme de trading quantitatif robuste, la clé est d'utiliser tous ces domaines simultanément pour tirer parti des avantages de chacun d'eux. Nous allons combiner l'apprentissage automatique pour créer des algorithmes prédictifs, les statistiques pour faire de l'ingénierie des caractéristiques, et la gestion de portefeuille pour combiner nos stratégies afin de diminuer le risque de cet investissement.

Tout d'abord, nous allons rechercher de nombreux actifs pour notre stratégie. Puis nous sélectionnerons les meilleurs actifs en utilisant un critère de ratio de Sharpe. De plus, nous trouverons le stop loss, le take profit et l'effet de levier optimaux.

16.1. Préparation des données

Dans tous les projets financiers, les données sont la chose la plus importante. L'algorithme le plus puissant ne peut pas prédire quoi que ce soit si on lui demande de prédire le prix de l'action Google en utilisant la consommation de crème glacée. C'est exagéré, mais nous devons préparer les données avec le plus d'attention possible, car nous pouvons perdre de l'argent en commettant une erreur. De plus, en général, la préparation des données représente 60 à 80 % du projet.

16.1.1. Importer les données

L'objectif de cette stratégie est de tester certains algorithmes sur de nombreux actifs. Le fait est que nous savons déjà comment importer des données en utilisant un symbole. Alors, pourquoi y a-t-il une partie pour expliquer cela ? Nous voulons travailler avec tous les actifs disponibles sur notre courtier. Il y en a plus de 2000. Ainsi, nous avons besoin d'exécuter un petit code pour les avoir tous.

De plus, nous allons travailler directement avec les données de notre courtier car nous avons besoin d'être le plus proche possible du marché. En effet, dans le chapitre précédent, nous avons exploré chaque technique en utilisant les données de Yahoo. En effet, le but des autres chapitres était d'expliquer les différentes techniques du livre mais pas de créer une un robot de trading de A à Z. Cependant, lorsque nous travaillons sur un projet réel, il est préférable de disposer des données du courtier en utilisant la plateforme MetaTrader 5 car elles sont plus proches de la réalité.

Code 16.1 : Comment supprimer tous les noms de symboles ?

```
# INITIALIZE THE DEVICE
mt5.initialize()


# Create empty list
symbols = []
sectors = []
descriptions = []


# Get the information for all symbol
symbols_information = mt5.symbols_get()1


# Tuple to list
symbols_information_list = list(symbols_information) 2


# Extract the name of the symbol
for element in symbols_information_list:
    symbols.append(list(element)[-3]) 3
    sectors.append(list(element)[-1].split("\\")[0]) 4
    descriptions.append(list(element)[-7]) 5


# Create a dataframe
informations = pd.DataFrame([symbols, sectors, descriptions],
index=["Symbol", "Sector", "Description"]).transpose()6
```

1 La fonction symbols_get() nous donne les informations pour tous les symboles que le courtier nous propose de négocier.

2 symbols_get() renvoie un tuple, nous devons donc le transformer en liste pour travailler avec cet objet.

3 Prenez le symbole de l'actif.

4 Prenez le chemin pour avoir le secteur de l'actif.

5 Prenez une description de l'actif.

6 Mettez toutes les informations dans un cadre de données.

Figure 16.1 : Extraction des symboles et de leur secteur

Symbole	Secteur	Description
AUDUSD	Majeures FX	Australie contre États-Unis
EURUSD	Majeures FX	US vs Euro

Nous pouvons voir que nous avons supprimé tous les symboles avec son secteur. Ainsi, il est facile de le faire si nous voulons essayer un algorithme sur un seul secteur.

La sélection d'un sector peut être intéressant si nous créons un algorithme qui utilise des méthodes de bagging sur les actifs.

Notre stratégie ne prendra que les actifs avec un faible spread (couts de transaction). Il s'agit d'un choix personnel. Nous pouvons choisir un autre critère de sélection des actifs, comme la volatilité de l'actif.

Code 16.2 : Trouver l'actif le plus faible en termes de spreads

```
# Create empty list
spread = []


# Computze the spread
for symbol in informations["Symbol"]:
    try:
        ask = mt5.symbol_info_tick(symbol).ask
```

```
        bid =  mt5.symbol_info_tick(symbol).bid
        spread.append((ask - bid) / ask )
    except:
        spread.append(None)


# Take the assets with the spread < 0.07%
informations["Spread"] = spread
lowest_spread_asset = informations.dropna().\
loc[informations["Spread"]<0.0007]
```

16.1.2. Ingénierie des caractéristiques

Comme dit précédemment, les données sont une partie essentielle du projet. Ainsi, nous ne pouvons pas donner à l'algorithme uniquement les données OHLC car elles sont insuffisantes. Nous devons aider notre algorithme. Pour ce faire, nous allons utiliser la méthode d'ingénierie des caractéristiques précédentes. En effet, nous allons créer des moyennes mobiles et des volatilités mobiles dans la fonction. Ensuite, nous allons appliquer un algorithme d'ACP au jeu de données pour réduire le nombre de colonnes.

Code 16.3 : Créer de nouvelles caractéristiques et appliquer l'ACP

```
def features_engeeniring(df):
    """ This function which creates all the necessary sets for the
    algorithms"""


    # Allows the variables to be call outside the function
    global X_train
    global X_test
    global y_train_reg
    global y_train_cla
    global X_train_scaled
    global X_test_scaled
    global split_train_test
    global split_test_valid
    global X_valid
    global X_valid_scaled
```

```python
    global X_train_pca
    global X_test_pca
    global X_val_pca



    # Create ours own metrics to compute the strategy returns
    df["returns"] = ((df["close"] - df["close"].shift(1)) / df["close"])
.shift(1)
    df["sLow"] = ((df["low"] - df["close"].shift(1)) / df["close"]
.shift(1)).shift(1)
    df["sHigh"] = ((df["high"] - df["close"].shift(1)) / df["close"]
.shift(1)).shift(1)



    # Features engineering
    df["returns t-1"] = df[["returns"]].shift(1)


    # Mean of returns
    df["mean returns 15"] = df[["returns"]].rolling(15).mean().shift(1)
    df["mean returns 60"] = df[["returns"]].rolling(60).mean().shift(1)


    # Volatility of returns
    df["volatility returns 15"] = df[["returns"]].rolling(15).std()
.shift(1)
    df["volatility returns 60"] = df[["returns"]].rolling(60).std()
.shift(1)


    # Drop missing values
    df = df.dropna()


    # Percentage train set
    split = int(0.80*len(df))


    list_x = ["returns t-1", "mean returns 15", "mean returns 60",
                "volatility returns 15",
                "volatility returns 60"]



    split_train_test = int(0.70*len(df))
```

295

```python
split_test_valid = int(0.90*len(df))


# Train set creation
X_train = df[list_x].iloc[:split_train_test]


y_train_reg = df[["returns"]].iloc[:split_train_test]


y_train_cla = np.round(df[["returns"]].iloc[:split_train_test]+0.5)



# Test set creation
X_test = df[list_x].iloc[split_train_test:split_test_valid]


# Test set creation
X_val = df[list_x].iloc[split_test_valid:]



# NORMALIZATION
# Import the class
from sklearn.preprocessing import StandardScaler


# Initialize the class
sc = StandardScaler()


# Standardize the data
X_train_scaled = sc.fit_transform(X_train)
X_test_scaled = sc.transform(X_test)
X_val_scaled = sc.transform(X_val)



# PCA
# Import the class
from sklearn.decomposition import PCA


# Initiliaze the class
pca = PCA(n_components=3)


# Apply the PCA
```

```
X_train_pca = pca.fit_transform(X_train_scaled)

X_test_pca = pca.transform(X_test_scaled)

X_val_pca = pca.transform(X_val_scaled)
```

Si la fonction modifie les valeurs de la variable globale, elle doit être déclarée en la faisant précéder du mot-clé global.

Dans la section suivante, nous allons entraîner tous les algorithmes avec les mêmes données, comme dans le chapitre 10. Cependant, il est préférable d'entraîner différents modèles avec différentes caractéristiques (indépendantes) pour obtenir de meilleurs résultats. Ainsi, dans votre projet, vous pourrez trouver les meilleures caractéristiques pour chaque actif, mais cela prend beaucoup de temps.

16.1.3. Ensembles d'entrainement, de test et de validation

Dans les chapitres précédents, pour tester les performances de nos algorithmes, nous avons utilisé l'ensemble d'entraînement pour former l'algorithme et l'ensemble de test pour tester ses performances. Dans un projet plus important, nous devons créer trois ensembles de données : l'ensemble d'entrainement, l'ensemble de test et l'ensemble de validation.

Ce projet doit avoir trois ensembles car nous travaillons avec des modèles prédictifs, et nous avons besoin de deux ensembles pour le faire et d'un ensembles pour travailler avec les techniques de gestion de portefeuille. Voyons dans la figure 14.3 l'utilité de chaque ensemble dans notre projet.

- **Ensemble d'entraînement :** Il nous permet d'entraîner les modèles prédictifs. Nous n'entraînons pas l'allocation optimale du portefeuille avec l'ensemble d'entraînement car les prédictions sur l'ensemble d'entraînement ne sont pas significatives (car l'algorithme connaît déjà les données puisqu'il s'y adapte).

- **Ensemble de test :** Il nous permet de trouver les meilleurs modèles prédictifs sur les données inconnues. Ensuite, comme les rendements de la stratégie basée sur les prédictions sont ici significatifs (car l'algorithme ne connaît pas les données avant), nous choisissons les meilleurs modèles (avec le critère de votre choix). Nous avons donc nos meilleurs modèles. Nous pouvons trouver l'allocation optimale du portefeuille entre nos n meilleures stratégies (uniquement sur les rendements de l'ensemble de test).

- **Ensemble de validation :** Maintenant, nous avons les meilleurs modèles et la meilleure allocation de notre capital entre les modèles (la meilleure allocation de portefeuille). Nous pouvons backtester le portefeuille sur ces données anonymes.

Figure 16.2 : Utilité de chaque ensemble de données

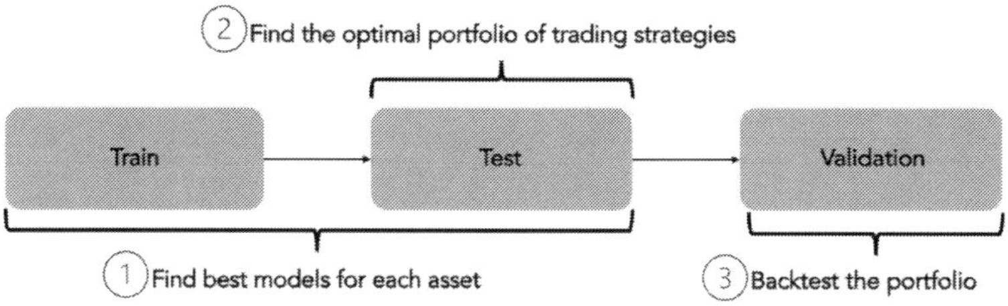

Nous pouvons voir un petit résumé du processus de décision pour trouver le meilleur portefeuille de stratégies de trading.

16.2. Modélisation de la stratégie

Nous avons préparé de nombreuses fonctions pour les données : importation, ingénierie des caractéristiques et transformation. Cette section vise à trouver des actifs avec un faible spread qui ne sont pas soumis à l'efficience de marché.

Tout d'abord, nous trouverons les meilleures stratégies en utilisant un critère de ratio de Sharpe. Ensuite, nous prendrons les stratégies les plus rentables et utiliserons une méthode de vote sur l'algorithme. Enfin, nous utiliserons une méthode de portefeuille sur les données de l'ensemble de test pour trouver la meilleure allocation dans nos stratégies de portefeuille.

16.2.1. Trouvez les meilleurs actifs

Nous prendrons les symboles dont le spread est inférieur à notre seuil de spread de 0,07%.

Ensuite, nous calculons le ratio de Sharpe d'une stratégie de trading créée à l'aide de chaque algorithme d'apprentissage automatique. Enfin, nous prendrons la stratégie ayant le ratio de Sharpe le plus élevé. Nous utiliserons uniquement des algorithmes de classification pour ce projet, mais nous pouvons utiliser des algorithmes de régression dans notre projet. C'est la même chose.

Nous ne pouvons pas travailler avec des algorithmes d'apprentissage profond pour ce projet car certains actifs ne disposent que de 1000 données. Nous devons donc utiliser les algorithmes appropriés : régression linéaire, SVR et arbre de décision.

Tout d'abord, pour automatiser le fonctionnement, nous devons créer une fonction qui produit une stratégie et calcule le ratio de Sharpe de cette stratégie sur l'ensemble de test. Le seul paramètre requis est le modèle que nous voulons utiliser. Si nous voulons tester un algorithme de régression, nous devons utiliser le paramètre reg=True.

Code 16.4 : Fonction de prédiction

```
def predictor(model, reg=True, spread=0.035):
    global df
    model.fit(X_train, y_train_cla)
```

```python
    df = df.dropna()

    # Create predictions for the whole dataset
    df["prediction"] = model.predict(np.concatenate((X_train,
X_test, X_valid), axis=0))

    if reg==False:
        df["prediction"] = np.where(df["prediction"]==0, -1, 1)

    # Compute the strategy
    df["strategy"] = np.sign(df["prediction"]) * df["returns"]


    returns =
df["strategy"].iloc[split_train_test:split_test_valid]


    return np.sqrt(252) * (returns.mean()-(spread/100))/
returns.std()
```

Nous ajoutons le spread de l'actif dans le calcul du ratio de Sharpe car tous les actifs n'ont pas le même spread. Ainsi, plus le spread de l'actif est important, plus il sera pénalisé.

Faites attention au spread ! Parfois il est en pourcentage et parfois non. Il faut donc vérifier avant de l'utiliser.

Avec cette fonction, nous pouvons automatiser le calcul de 450 stratégies de trading. En effet, nous allons prendre 150 actifs, et nous allons essayer 3 algorithmes d'apprentissage automatique.

Code 16.5 : Automatisation des essais

```python
# Import the class
from sklearn.svm import SVR
from sklearn.tree import DecisionTreeRegressor
from sklearn.linear_model import LinearRegression

from tqdm import tqdm
# Models
tree = DecisionTreeRegressor(max_depth=6)
svr = SVR(epsilon=1.5)
```

```python
lin = LinearRegression()


# Initialization
symbols = symbols[:150]#["EURUSD", "GBPAUD"]
lists = []


for symbol in tqdm(symbols):
    try:
        df = data(symbol,
3500)[["close"]].dropna().pct_change(1).dropna()
        df.columns = ["returns"]
        features_engeeniring(df)


        """ Decision tree rgressor"""
        sharpe_tree = predictor(tree, reg=True)
        lists.append([symbol, "Tree", sharpe_tree])


        """ SVR """
        sharpe_svr = predictor(svr, reg=True)
        lists.append([symbol, "SVR", sharpe_svr])

        """ Linear Regression"""
        sharpe_linreg = predictor(lin, reg=True)
        lists.append([symbol, "LinReg", sharpe_linreg])
    except:
        pass
```

Avec ce code, nous avons trouvé le ratio de Sharpe pour chaque stratégie. Nous allons prendre l'actif avec le meilleur ratio de Sharpe et avoir de bons résultats avec les trois algorithmes.

 Les trois algorithmes choisis sont très différents. La régression linéaire trouve des modèles linéaires, le SVR les non linéaires, et l'arbre de décision a également une autre façon de s'adapter. Donc, si ces trois algorithmes ont de bons résultats, nous optimisons nos chances d'obtenir de meilleurs résultats.

Figure 16.3 : Les meilleurs actifs choisis

Actif	Bitcoin	JPN225	NAS100	US2000	XPTUSD
Sortino	2.9	1.6	1.2	1.1	0.7

Ce tableau montre les meilleurs actifs de notre sélection avec leur ratio de Sortino calculé sur l'ensemble de test.

16.2.2. Combiner les algorithmes

Au chapitre 10, nous avons vu la puissance de la méthode des ensembles. Ici, nous allons appliquer la méthode du vote. Cette méthode va combiner les trois algorithmes précédents : arbre de décision, SVC et régression logistique.

Nous avons sept actifs avec un excellent ratio de Sharpe sur l'ensemble de test. Avant de créer un portefeuille utilisant ces stratégies, nous devons créer un algorithme pour prédire chaque actif. Pour ce faire, nous allons utiliser un classificateur de vote.

Code 16.6 : Implémentation du classificateur de vote

```
def voting(df, reg=True):

        """ Create a strategy using a voting method"""

        # Import the class



        # Import the models

        if reg:

            tree = DecisionTreeRegressor(max_depth=6)

            svr = SVR(epsilon=1.5)

            lin = LinearRegression()

            vot = VotingRegressor(estimators=[

                ('lr', lin), ("tree", tree), ("svr", svr)])
```

```
else:
    tree = DecisionTreeClassifier(max_depth=6)
    svr = SVC()
    lin = LogisticRegression()

    vot = VotingClassifier(estimators=[
        ('lr', lin), ("tree", tree), ("svr", svr)])

# Train the model
if reg==False:
    vot.fit(X_train_pca, y_train_cla)
else:
    vot.fit(X_train_pca, y_train_reg)

# Remove missing values
df = df.dropna()

# Create predictions for the whole dataset
df["prediction"] = vot.predict(np.concatenate((X_train_pca,
                                                X_test_pca,
                                                X_val_pca),
                                        axis=0))

# Remove missing values
df = df.dropna()

if reg==False:
    df["prediction"] = np.where(df["prediction"]==0, -1, 1)

# Compute the strategy
df["strategy"] = np.sign(df["prediction"]).shift(1) *
df["returns"]
    df["low_strategy"] = np.where(df["prediction"]>0, df["sLow"], -
df["sHigh"])
    df["high_strategy"] = np.where(df["prediction"]>0, df["sHigh"],
-df["sLow"])
```

```
    return      vot,      df["strategy"],      df["low_strategy"],
df["high_strategy"]
```

 Nous retournons également le modèle de vote pour le sauvegarder dans un dossier pour l'implémentation de l'algorithme de trading en direct (Annexe : Comment sauvegarder un modèle dans scikit-learn et Tensorflow).

Comme nous pouvons le voir dans la figure 16.4, le rendement de chaque actif seul n'est pas très rentable, compte tenu de la volatilité de ces stratégies. Dans la sous-section suivante, nous appliquerons une méthode de portefeuille aux stratégies de trading afin de diminuer le risque d'investissement.

Figure 16.4.. : Rendements cumulatifs des actifs du portefeuille sur l'ensemble de test

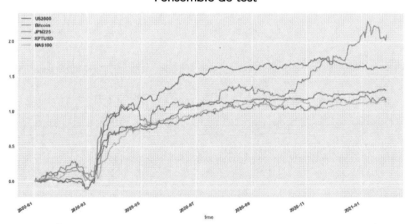

Cette figure montre le rendement cumulé de chaque actif du portefeuille. Comme nous pouvons le constater, les stratégies sont peu rentables et très risquées à elles seules.

16.2.3. Appliquer les techniques de gestion de portefeuille

Nous disposons de sept stratégies de trading, et nous utiliserons les techniques de gestion de portefeuille pour créer un portefeuille avec lequel nous travaillerons comme une seule stratégie dans la section suivante. De plus, nous utiliserons le critère de moyenne-variance-skewness-kurtosis car il nous permet d'avoir un portefeuille moins risqué.

Figure 16.5 : Backtest du portefeuille sur l'ensemble de test

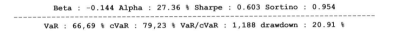

```
Beta : -0.144 Alpha : 27.36 % Sharpe : 0.603 Sortino : 0.954
---------------------------------------------------------------------
VaR : 66,69 % cVaR : 79,23 % VaR/cVaR : 1,188 drawdown : 20.91 %
```

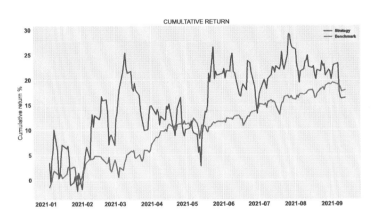

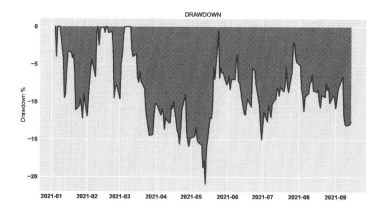

Cette figure nous montre le backtest du portefeuille sans effet de levier, stop loss ou take profit. Comme nous pouvons le voir, le backtest est bon, avec un alpha de 27%. Il y a une bonne tendance dans le profit mais avec une forte volatilité.

L'allocation du portefeuille consiste à retirer deux actifs. Ainsi, nous prenons 31% de notre budget de Russel 2000, 50% de Bitcoin, et 19% de JPN 225. Le critère considère que les autres actifs sont trop risqués ou trop peu rentables pour entrer dans le portefeuille. De plus, le drawdown reste élevé car la majorité des actifs sous-jacents sont très volatils.

16.3. Trouvez le take profit, le stop loss et l'effet de levier optimaux.

Comme le montre la figure 16.6, la performance du portefeuille est bonne car nous avons gagné 15% en 12 mois. La stratégie est risquée même si nous avons diminué le risque (drawdown max : 20%). Jusqu'à présent, nous avons travaillé avec l'apprentissage automatique pour prédire le comportement de l'actif. Nous avons appliqué la gestion de portefeuille pour diminuer le risque. Nous allons utiliser une méthode statistique pour trouver les meilleurs take profit, stop loss et effet de levier pour la stratégie.

16.3.1. Prise de profit optimale (tp)

Le seuil de prise de bénéfices d'une stratégie est essentiel. Il peut transformer une stratégie non rentable en une stratégie rentable. Dans cette sous-section, nous verrons une technique de recherche de grille pour trouver le meilleur seuil de take profit. Nous allons créer une fonction qui renvoie le ratio de Sharpe en fonction de son seuil de prise de bénéfices pour trouver les valeurs optimales.

Code 16.7 : Fonction de seuil du meilleur profit de prise

```python
def find_best_tp(tp):

        tp = tp/100


        # Create the portfolio
        pf = pd.concat((low_portfolio, portfolio_return_test,
high_portfolio), axis=1).dropna()-spread


        pf.columns = ["low", "Return", "high"]


        # Apply the tp
        pf["Return"] = np.where(pf["high"].values>tp, tp,
pf["Return"].values)
        pf["Return"] = np.where(pf["Return"].values>tp, tp,
pf["Return"].values)


        # Return sharpe raatio
        return np.sqrt(252)*pf["Return"].mean()/pf["Return"].std()


   pd.DataFrame([find_best_tp(tp) for tp in np.linspace(1.5,3,10)],
index=np.linspace(1.5,3,10), columns=["Sharpe"])
```

Nous remplaçons le return par le take profit lorsque le high du jour est supérieur au seuil du tp. Nous faisons de même pour les rendements car parfois, dans la vie réelle, il y a des problèmes dans les données (high < close, par exemple).

En utilisant cette fonction, nous convergerons vers un tp de 0. Cependant, le seuil de meilleur profit ne prend pas en compte le swap, une pénalité ou un bonus donné par le courtier pour inciter les gens à aller dans une certaine direction. Si le tp est très bas dans le backtest, vous aurez une stratégie rentable, mais le swap vous prendra tous vos bénéfices dans la vie réelle. Il est nécessaire de garder un seuil de take profit assez élevé.

Avec notre calcul, nous avons trouvé un seuil optimal de take profit à 2.1% sur le test set avec un ratio de Sharpe de 3.7 sur la période de validation mais moins dans la vie réelle car il y a des frais supplémentaires que nous ne pouvons pas considérer précisément. Ainsi, 40% en 9 mois de la période de validation ne signifie pas que nous devons mettre en production 100 000$ maintenant. **Nous avons besoin d'un compte de démonstration pour trouver les meilleurs paramètres de nos stratégies dans la vie réelle et nous assurer qu'il n'y a pas de problèmes dans nos calculs.**

16.3.2. Perte maximale optimale (sl)

Auparavant, nous avons vu comment gagner de l'argent, mais l'utilité du stop loss est d'éviter de perdre de l'argent. Dans cette sous-section, nous allons uniquement créer une stratégie avec un stop loss car nous ne pouvons pas combiner tp et sl avec les données journalières (conférer Chapitre 6). En effet, nous ne pouvons pas dire quel seuil est franchi en premier.

En utilisant la fonction find_best_sl, nous allons trouver le meilleur sl. De plus, nous allons voir une convergence du ratio de Sharpe après 9.6% de sl. Cela signifie qu'il n'y a plus de valeurs après ce point. Ainsi, nous pouvons mettre ce seuil dans notre stratégie car nous avons besoin d'un sl en trading, et ce seuil n'est jamais touché dans le jeu de test.

Code 16.7 : trouver le meilleur seuil de stop loss

```
def find_best_sl(sl):

    sl = sl/100


    # Create the portfolio
    pf = pd.concat((low_portfolio, portfolio_return_test,
                    high_portfolio),axis=1).dropna()-spread
    pf.columns = ["low", "Return", "high"]


    # Apply the sl
    pf["Return"] = np.where(pf["low"].values<-sl, -sl,
pf["Return"].values)
    pf["Return"] = np.where(pf["Return"].values<-sl, -sl,
                                        pf["Return"].values)


    # Return sharpe raatio
    return np.sqrt(252)*pf["Return"].mean()/pf["Return"].std()


pd.DataFrame([find_best_sl(sl) for sl in np.linspace(3,10,30)],
            index=np.linspace(3,10,30), columns=["Sharpe"])
```

Ainsi, nous avons un tp à 2,1% et un sl à 9,6% pour notre stratégie. Il ne manque que l'effet de levier pour optimiser le gain de la stratégie.

16.3.3. Effet de levier optimal

L'effet de levier multiplie notre pouvoir d'investissement et nos bénéfices. Cependant, il multiplie également notre risque de la même manière. Si nous sommes nouveaux dans le trading, nous devons maîtriser cet outil et comprendre comment l'utiliser efficacement.

En fonction de notre niveau d'aversion au risque, il existe plusieurs façons de déterminer le meilleur effet de levier à utiliser. L'une des plus connues est le critère de Kelly.

Nous allons utiliser une autre méthode : la méthode du drawdown. En finance, chaque personne est unique, il ne peut donc pas y avoir une seule méthode pour trouver le meilleur effet de levier car cela dépend de l'aversion au risque de chaque investisseur.

La méthode du drawdown est simple à calculer, nous prenons le drawdown maximum de notre stratégie sans effet de levier (Md_1), et nous devons connaître le drawdown maximum que nous souhaitons ($Md_{leverage}$). L'effet de levier est alors le suivant :

$$leverage = \frac{Md_{leverage}}{Md_1}$$

Ainsi, supposons que nous travaillons avec notre stratégie en utilisant 2,1% pour le seuil tp et 9% pour le sl. Dans ce cas, nous voulons un drawdown maximum de 15% car nous ne sommes pas des amateurs de risque, et le drawdown maximum est de 10%. Alors l'effet de levier pour la stratégie est de 15/10 = 1,5.

Nous avons tous les hyperparamètres financiers de la stratégie. Un seuil de take profit à 2.1%, un seuil de stop loss à 9%, et un effet de levier optimal à 1.5

Figure 16.6 : Backtest du portefeuille avec effet de levier, sl et tp

```
    Bêta : -0.174 Alpha : 93.37 %.   Sharpe : 2.178 Sortino : 2.529
-------------------------------------------------------------------------
    VaR : 5,95 %. cVaR : 20,88 % VaR/cVaR : 3,508 drawdown : 13.32 %
```

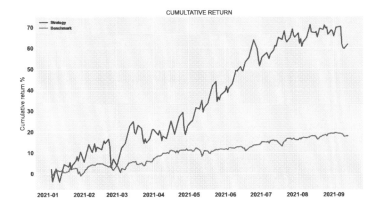

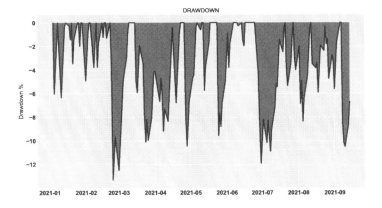

Comment améliorer le projet ?

- Utilisez des ticks pour effectuer le backtest afin de trouver de meilleures combinaisons entre le seuil de prise de bénéfices et le seuil de perte.

- Utilisez les ticks pour calculer l'écart dans le temps et non à un jour près pour sélectionner l'actif car il n'est pas représentatif.

- Utilisez les ticks pour travailler avec un stop loss ultérieur.

- Essayez d'utiliser le bagging sur les actifs dans un algorithme d'apprentissage profond.

- Essayez un autre critère que le spread pour sélectionner les actifs.

- Ajuster l'effet de levier en fonction du calcul de l'intérêt

- Trailing stop loss pour optimiser le gain

Application Live Trading et Screener

Ce code est basé sur la classe créée dans l'annexe : MetaTrader

Code 16.6 : Application Trading / Projet

```python
from MT5 import *
import numpy as np
import pandas as pd
import warnings
warnings.filterwarnings("ignore")
from sklearn.svm import SVC
from sklearn.tree import DecisionTreeClassifier
from sklearn.linear_model import LogisticRegression
import time
from sklearn.ensemble import VotingClassifier
import pickle
from joblib import dump, load
import os
from sklearn.preprocessing import StandardScaler


path = "" # Ex: C:/Desktop/Python_for_finance_and_algorithmic_trading/
ChapterN/


def create_model_weights(symbol):
    """ Weights for Linear regression on the percentage change"""
    # Import the data
    data = MT5.get_data(symbol, 3500)[["close"]].pct_change(1)


    # Create new variable
```

```python
    data.columns = ["returns"]

    # Features engeeniring
    data["returns t-1"] = data[["returns"]].shift(1)

    # Mean of returns
    data["mean returns 15"] = data[["returns"]].rolling(15).mean()
.shift(1)
    data["mean returns 60"] = data[["returns"]].rolling(60).mean()
.shift(1)

    # Volatility of returns
    data["volatility returns 15"] = data[["returns"]].rolling(15).std()
.shift(1)
    data["volatility returns 60"] = data[["returns"]].rolling(60).std()
.shift(1)

    # Split the data
    data = data.dropna()
    split = int(0.80*len(data))

    # Train set creation
    X_train = data[["returns t-1", "mean returns 15", "mean returns 60",
                "volatility returns 15",
                "volatility returns 60"]].iloc[:split]
    y_train = np.round(data[["returns"]].iloc[:split]+0.5)

    sc = StandardScaler()
    X_train = sc.fit_transform(X_train)

    # Create the model
    tree = DecisionTreeClassifier(max_depth=6)
    svr = SVC()
    lin = LogisticRegression()

    alg = VotingClassifier(estimators=[
        ('lr', lin), ("tree", tree), ("svr", svr)])
```

313

```python
        # Fit the model
        alg.fit(X_train, y_train)


        # Save the model
        alg_var = pickle.dumps(alg)
        alg_pickel = pickle.loads(alg_var)


        dump(alg_pickel ,os.path.join(path,f"Models/{symbol}_reg.joblib"))



def vot_cla_sig(symbol):
        """ Function for predict the value of tommorow using ARIMA model"""


        # Create the weights if there is not in the folder
        try:
            alg = load(os.path.join(path,f"Models/{symbol}_reg.joblib"))
        except:
            create_model_weights(symbol)
            alg = load(os.path.join(path,f"Models/{symbol}_reg.joblib"))


        # Take the lastest percentage of change
        data = MT5.get_data(symbol, 3500)[["close"]].pct_change(1)


        # Create new variable
        data.columns = ["returns"]


        # Features engeeniring
        data["returns t-1"] = data[["returns"]].shift(1)


        # Mean of returns
        data["mean returns 15"] = data[["returns"]].rolling(15).mean()
.shift(1)
        data["mean returns 60"] = data[["returns"]].rolling(60).mean()
.shift(1)


        # Volatility of returns
        data["volatility returns 15"] = data[["returns"]].rolling(15).std()
.shift(1)
```

```python
        data["volatility returns 60"] = data[["returns"]].rolling(60).std()
.shift(1)


        X = data[["returns t-1", "mean returns 15", "mean returns 60",
                  "volatility returns 15",
                  "volatility returns 60"]].iloc[-1:,:].values


        # Find the signal
        prediction = alg.predict(X)
        prediction = np.where(prediction==0, -1, 1)
        buy = prediction[0] > 0
        sell = not buy



        return buy, sell



# True = Live Trading and False = Screener          .
live = True


if live:
    current_account_info = mt5.account_info()
    print("-------------------------------------------------------------")
    print("Date: ", datetime.now().strftime("%Y-%m-%d %H:%M:%S"))
    print(f"Balance: {current_account_info.balance} USD, \t"
          f"Equity: {current_account_info.equity} USD, \t"
          f"Profit: {current_account_info.profit} USD")
    print("-------------------------------------------------------------



info_order = {
    "RUSSEL 2000": ["US2000", 1.1],
    "Bitcoin": ["Bitcoin", 0.1],
    "Nasdaq 100": ["NAS100", 0.3]
}



start = datetime.now().strftime("%H:%M:%S")
while True:
```

315

```python
    # Verfication for launch
    if datetime.now().weekday() not in (5,3):
        is_time    =    datetime.now().strftime("%H:%M:%S")    ==    start
#"23:59:59"
    else:
        is_time = False



    # Launch the algorithm
    if is_time:

        # Open the trades
        for asset in info_order.keys():

            # Initialize the inputs
            symbol = info_order[asset][0]
            lot = info_order[asset][1]

            # Create the signals
            buy, sell = vot_cla_sig(symbol)

             # Run the algorithm
            if live:
                MT5.run(symbol, buy, sell,lot)

            else:
                print(f"Symbol: {symbol}\t"
                    f"Buy: {buy}\t"
                    f"Sell: {sell}")
        time.sleep(1)
```

Chapitre 17 : De la feuille blanche au robot de trading

Ce chapitre aborde le processus de création et de mise en production d'une stratégie de trading, la gestion d'une stratégie de trading en direct et la combinaison de stratégies entre elles.

17.1 Directives pour la création de stratégies de trading

Cette section récapitulera d'abord l'ensemble du processus permettant de créer une stratégie de trading correctement afin de minimiser le risque d'erreur. Nous aborderons ensuite le plan de trading et le journal de trading.

17.1.1 Le plan de trading

De nombreuses personnes négligent le plan de trading, mais n'oubliez pas que de nombreuses personnes perdent également de l'argent. La relation n'est pas parfaite, mais il existe une relation négative entre l'élaboration d'un plan de trading et la rentabilité. Pourquoi ? Parce que le plan de trading est créé avec un esprit neuf avant de commencer le trading. Ainsi, il sera plus facile de suivre le plan si nous avons nos lignes directrices lorsque nous cherchons pendant plus de 50 heures une stratégie de trading rentable. Car modifier le plan de trading en fonction des difficultés n'est pas bon.

Comme nous ne faisons pas de trading manuel ici, le plan de trading sera légèrement différent, comme nous le savons déjà. Un plan de trading nous donnera le point d'entrée et de sortie avec le money management à suivre pour chaque stratégie. Cependant, si nous avons automatisé cela, nous n'avons pas besoin de le vérifier pour chaque transaction. Donc, dans le trading algo, à quoi ressemble un plan de trading ?
Nous devons regrouper toutes les caractéristiques de la stratégie au même endroit, c'est-à-dire la performance, le risque, le nombre de transactions que nous voulons effectuer (une transaction au maximum

et au moins trois transactions par jour), l'horizon temporel que nous voulons utiliser (quotidien, horaire, hebdomadaire), l'actif que nous voulons négocier (actif à faible spread, actif volatil), le marché que nous voulons négocier (forex, actions, crypto), si nous voulons être exposés au lendemain, etc,

Figure 17.1 : Composante du plan d'échange

Il s'agit d'un exemple des différents éléments que l'on peut intégrer dans notre plan de trading ; il ne s'agit pas d'une liste exhaustive. N'hésitez pas à créer la vôtre, en fonction de vos essais.

Pour conclure, le plan de trading nous permettra de planifier le type de stratégie que nous souhaitons pour entamer sereinement le processus de recherche.

Nous devons penser à toutes les caractéristiques principales de notre stratégie avant de faire la recherche. Il est important de ne pas changer le plan parce que nous ne trouvons pas ce que nous voulons; continuez à chercher ! Trouver une stratégie de trading demande, en moyenne, 100 essais.

17.1.2 Le processus d'élaboration d'une stratégie de trading

La création d'une stratégie de trading exige de la discipline, de la créativité et de la pratique. Nous devons suivre plusieurs étapes :

1. Faites un **plan de trading** qui acceptera ou rejettera une stratégie. Créez-le toujours avant de faire quoi que ce soit, afin de ne pas avoir à ajuster la tentative à l'avenir si la partie codage est trop difficile.

2. **L'importation des données** semble facile, mais elle est cruciale ; rappelez-vous la citation : "ordure à l'entrée, ordure à la sortie". Il faut donc faire attention à la source que l'on utilise et toujours importer autant de données que possible du courtier.

3. **La partie prétraitement** contient l'ingénierie des caractéristiques et de la cible, la transformation comme la normalisation, et l'ACP. Elle aidera l'algorithme à mieux comprendre la relation entre les données.

4. **Modélisez** le comportement de la cible en utilisant des algorithmes d'apprentissage automatique ou d'apprentissage profond dans notre cas ou des conditions simples si nous utilisons uniquement l'analyse technique ou l'action des prix.

5. **Backtester** la stratégie deux fois maximum pour éviter de surajuster les résultats et de perdre notre capital à l'avenir.

6. Appliquer la prédiction selon le plan de trading pendant l'incubation (conditions d'entrée et de sortie, take-profit, stop-loss).

7. Vérifiez les résultats de l'incubation et comparez-les aux résultats du backtest pour voir si la distribution est similaire (plus de détails dans la section suivante).

8. Répétez ce processus pour chaque stratégie.

Comme nous pouvons le constater, le processus semble simple, mais nous avons pris tout le livre pour l'expliquer. Ne sous-estimez donc pas la difficulté de ce processus ; il nous faudra au moins 100 essais pour trouver une bonne stratégie (en moyenne). N'abandonnez pas et soyez stables dans notre travail ; vous trouverez des stratégies rentables mais cela demande beaucoup de temps.

17.1.3 Journal de trading

Dans le cadre d'un trading discrétionnaire (manuel), le journal de trading contient des informations sur chaque transaction que vous allez passer sur le marché : entrée et sortie, take-profit, stop-loss, dimensionnement de la mise, gestion du risque, etc.

L'objectif est d'avoir un journal de trading (la pratique) aussi proche que possible du plan de trading (la théorie). Cependant, lorsque nous travaillerons sur un projet de trading algorithmique, nous adopterons une approche différente. Pourquoi ? Parce que tous les paramètres sont fixés à l'aide de l'algo, ils ne peuvent pas changer. Alors, qu'allons-nous écrire dans notre journal de trading ?

Lorsque nous travaillons sur le trading algorithmique, nous avons également besoin d'un journal de trading, mais pour plusieurs autres choses :

- Analysez le trade manuellement et écrivez ce que vous en pensez : points positifs et négatifs à corriger. Voici une idée pour mieux comprendre l'utilité :
    - Stop-loss au-dessus du support trop souvent→ Définir une autre façon de placer le stop-loss.
    - Faux signaux après certaines nouvelles→ Ne traitez pas 1 heure avant certaines nouvelles.
    - Vérifier la distribution des rendements entre la production et le backtest et voir que les rendements de la production sont de moins en moins→ Mettre à jour la stratégie ou l'arrêter.
- Conservez un historique des problèmes de codage et de la façon de les résoudre ; cela est précieux lorsque nous

sommes sur d'autres projets pour résoudre nos problèmes facilement.

17.2 Ne mettez pas tous vos œufs dans le même panier

Nous pensions qu'une fois que nous avions une stratégie rentable, le travail était terminé. Hé bien non, une fois que nous avons une stratégie, nous devons en créer d'autres pour les combiner et trouver un portefeuille de stratégies de trading solide.

17.2.1 Taille des positions

La première règle est que nous n'investirons JAMAIS tout notre capital dans une seule stratégie. C'est simple, mais c'est essentiel. De plus, il existe plusieurs règles simples à suivre pour minimiser le risque de perdre beaucoup d'argent :

1. Ne risquez jamais plus de 1% de votre capital dans une transaction (adaptez le volume).
2. En fonction de la stratégie, arrêtez l'algo pour la journée après 3 pertes ou arrêtez-le pour la semaine après 5 % de pertes, etc.

Si nous utilisons les intérêts composés, voyons le danger de prendre des positions trop importantes. Dans la figure 17.1, nous voyons que plus la taille de la position augmente, plus le risque d'être un trader perdant augmente.

Figure 17.1 : Chances d'être un trader perdant en fonction de la taille du pari

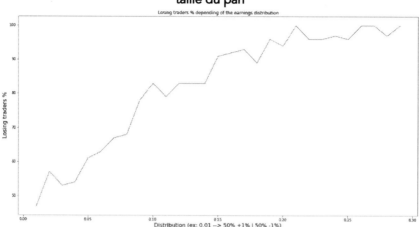

Comme nous pouvons le constater, si nous avons 50 % de chances de gagner 1 % ou 50 % de chances de perdre 1 %, avec une transaction par jour pendant un an, les chances d'être un trader perdant sont d'environ 52 %. Cependant, si nous augmentons la taille de la mise de 1% à 30% par transaction, nous constatons que les chances d'être un trader perdant sont d'environ 100%. C'est logique car après trois trades perdants consécutifs, il ne reste que 10% de notre capital, et il nous faudra 900% de gains pour revenir à notre montant initial.

Le point principal du dimensionnement des paris est qu'il est préférable d'utiliser les intérêts composés pour obtenir le bénéfice de la croissance exponentielle, mais il faut gérer le risque car plus la perte est importante, plus il n'est pas facile de revenir au montant initial, comme le montre la figure 17.2.

Figure 17.2 : Bénéfice nécessaire pour récupérer une perte de x%.

Losse	10%	20%	30%	40%	50%	60%	70%	80%	90%
Necessary profit (simple)	10%	20%	30%	40%	50%	60%	70%	80%	90%
Necessary profit (coumpounded)	11%	25%	43%	66%	100%	150%	233%	400%	900%

Comme nous pouvons le constater, en utilisant les intérêts composés (représentés par un lot dynamique dans le trading), plus la perte est importante, plus il est difficile de revenir au montant initial.

322

17.2.2 Pourquoi créer un portefeuille de stratégies de trading ?

Il existe de nombreuses raisons de créer un portefeuille de stratégies de trading. La meilleure façon de le créer est de vérifier les actifs non corrélés ou, mieux encore, une corrélation négative entre les actifs.

 Avant tout, la création d'un portefeuille de stratégies de trading est essentielle pour réduire le risque de votre investissement : drawdown, VaR, etc...

Principalement, supposons que nous utilisions l'effet de levier et les intérêts composés. Dans ce cas, nous devons créer un portefeuille pour diversifier notre risque et diminuer le risque de position (ce qui est possible en augmentant le nombre de stratégies de trading). De plus, le portefeuille et le dimensionnement des paris vont très bien ensemble car plus nous ajoutons de stratégies de trading au portefeuille, plus nous pouvons diminuer le poids d'une stratégie dans le portefeuille et ainsi créer une stratégie d'investissement robuste.

Le point principal de la création d'un portefeuille de stratégies de trading est de diminuer le drawdown du portefeuille tout en gardant un rendement confortable. Prenons un exemple.

Figure 17.3 : Avantage du portefeuille par rapport à la stratégie individuelle

Comme nous le voyons, en combinant les stratégies, le rendement du portefeuille est la moyenne entre les trois stratégies. Cependant, le point principal est que le drawdown est très faible par rapport à une stratégie individuelle.

323

17.3. Processus de trading en direct

Le processus de trading en direct n'est pas la partie la plus difficile, mais s'il y a une seule erreur dans ce processus, nous perdrons beaucoup d'argent. Nous devons donc être aussi méticuleux que possible.

17.3.1. La sécurité avant tout

Lorsque nous mettons notre stratégie en œuvre dans le trading réel, nous devons faire attention à la sécurité de notre capital. La meilleure façon de le faire est donc de placer des sécurités comme dans l'exemple suivant :

1. Arrêtez l'algorithme après X% de perte en un jour : Il sera bien de le faire si l'algo fait quelque chose de mal, comme prendre 100 positions simultanément. Cependant, nous devons backtester la distribution des pertes consécutives en un jour pour trouver la meilleure valeur. Par exemple, supposons que nous voyons qu'il n'y a que 1% de chance d'avoir plus de deux trades perdants par jour. Dans ce cas, nous pouvons mettre la sécurité suivante : "si nous avons trois trades perdants par jour, nous arrêtons l'algorithme pour la journée".

2. Arrêter l'algorithme après X% de perte en un mois : parfois, les conditions du marché peuvent être difficiles pour notre algorithme ; essayez de trouver le meilleur moment pour l'arrêter dans le backtest et vérifiez la performance en considérant que nous arrêtons l'algorithme dans certaines situations de marché.

3. Arrêtez l'algorithme si le drawdown en live trading devient deux fois plus élevé que le drawdown en incubation : il est très intéressant de trouver quand un algo doit être arrêté, mais nous en parlerons plus tard dans le chapitre.

Ces trois règles ne sont pas exhaustives ; il existe un grand nombre de règles similaires pour gérer notre risque et être un trader rentable.

17.3.2 Phase d'incubation

Cette partie est l'une des plus importantes. Dans cette partie, nous allons vérifier si notre stratégie théorique de trading rentable peut être mise en œuvre dans le trading réel ou non. Heureusement, c'est la partie la plus facile du projet du point de vue de la programmation. Cependant, c'est aussi la plus difficile du point de vue psychologique. Voyons donc tout le processus en détail :

1. Nous mettons notre stratégie en incubation sur un compte de démonstration ou avec un très petit capital en live trading pour vérifier comment la stratégie fonctionne. Nous devons comprendre si nous n'avons pas fait d'erreurs ou oublié quelque chose d'essentiel pour la rentabilité de la stratégie.

2. NOUS DEVONS CHOISIR SI NOUS CONSERVONS LA STRATÉGIE : cela semble facile, mais ce n'est pas le cas. Après un mois minimum de trading en direct, nous devons vérifier si les résultats de l'incubation sont bons ou non.

Comment savoir si les retours d'incubation sont bons ou non ? Il y a plusieurs façons, mais voici la plus simple. Pour ce faire, nous pouvons comparer la distribution entre les rendements du backtest et ceux de l'incubation. La meilleure façon de le faire est de comparer les statistiques avec les valeurs théoriques obtenues dans le backtest sur l'ensemble de train et de test. Ensuite, calculez le rendement pendant la période d'incubation en utilisant notre fonction de backtest.

Il sera passionnant de comprendre si nous ne faisons pas d'erreur car nous devrions avoir quelque chose de très proche. Voyons la figure suivante avec deux cas pour comprendre si nous avons un problème ou pas.

Figure 17.4 : Deux situations après une période d'incubation

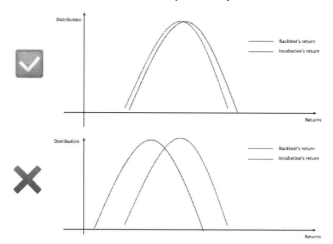

Comme nous pouvons le voir, les premières distributions sont similaires contrairement aux secondes, nous devons donc revoir tout notre code pour trouver le problème (fréquent dans la fonction backtest).

> Vous pouvez utiliser un test statistique de Kolmogorov pour comparer deux distributions si vous avez besoin d'automatiser le processus au lieu de le faire en utilisant uniquement le graphique.

17.3.3 Quand s'arrêter?

L'éternelle question est de savoir quand l'algorithme doit être arrêté. Il est très difficile de le dire, et nous devons adapter notre analyse aux conditions du marché. Il s'agit d'un choix subjectif.

Cependant, on peut trouver quelques astuces pour arrêter l'algo, notamment le calcul du drawdown : la méthode s'appelle la méthode de gestion du drawdown.

Il est simple de comprendre que nous arrêtons l'algorithme lorsque le drawdown tombe en dessous d'un seuil. Ainsi, le but lorsque nous avons arrêté l'algorithme est de déterminer si nous allons activer l'algorithme à nouveau ou non ! Pour ce faire, il n'y a pas de règles. Cependant, nous devons analyser les performances de la stratégie de A à Z. Si les performances ont été extraordinaires et que pendant la crise du COVID, nous avons un drawdown anormal, et l'algorithme s'est arrêté ; alors, personnellement, je remettrai l'algo en production lorsque je verrai que les conditions de marché sont normales. Dans le second cas, si nous avons un algorithme avec des rendements stables et que depuis 6 mois, le drawdown ne cesse d'augmenter, je ne l'activerai pas après l'arrêt de la gestion du drawdown.

J'espère que vous avez apprécié ce livre. N'hésitez pas à rejoindre le forum discord (QRCODE) si vous avez des questions sur le livre ou pour voir les questions des autres traders. Je vous souhaite une fantastique continuation !

Annexe : Intérêt composé ou intérêt simple

Dans cet article, nous allons apprendre la différence entre la stratégie des intérêts composés et la stratégie des intérêts simples. Nous expliquerons pourquoi la différence entre ces types de calculs. Ensuite, nous verrons comment calculer les rendements cumulés à l'aide de ces méthodes.

Quelle est la différence entre la méthode simple et la méthode composée ?

La stratégie de l'intérêt simple est une stratégie à lot fixe. Elle signifie que chaque jour, nous allons investir un capital C. Nous avons un capital C*r. Si nous simulons ce comportement sur plusieurs jours, nous avons l'équation suivante :

$$\pi = C * r_1 + C * r_2 + \cdots + C * r_n$$

$$\pi = C * (r_1 + r_2 + \cdots + r_n)$$

$$\pi = C * \sum_{i=1}^{n} r_i$$

Où π est le bénéfice de la stratégie, C est le capital investi, et r_i est le rendement en pourcentage du jour i .

Cependant, les intérêts composés fonctionnent avec un coefficient multiplicateur global. Si nous avons un capital initial de C le jour 1, nous avons $C *(1 + r_1)$ et le jour 2 $C *(1 + r_1)*(1 + r_2)$. Ainsi, le jour n, on a $C *(1 + r_1) *...* (1 + r_n)$. Avec cette stratégie, l'ensemble du capital sera investi au lieu de l'intérêt simple, qui investit constamment le même capital :

$$\pi = (C * (1 + r_1) * (1 + r_2) * ... * (1 + r_n)) - 1$$

$$\pi = (\prod_{i=1}^{n} (1 + r_1) * C) - C$$

$$\pi = C * (\prod_{i=1}^{n} (1 + r_1) - 1)$$

Où π est le bénéfice de la stratégie, C est le capital investi, et r_i est le rendement en pourcentage du jour i .

Comment calculer les intérêts simples et composés ?

Pour calculer le rendement cumulé d'une stratégie à intérêt simple, nous devons calculer le rendement cumulé. Pour ce faire, nous pouvons utiliser la fonction numpy cumsum().

Code : Rendement cumulé selon la méthode de l'intérêt simple

```
retour_cumulatif = np.cumsum(retours)
```

Cependant, pour calculer le rendement cumulé d'une stratégie à intérêts composés, il faut utiliser le produit du coefficient multiplicateur. Pour ce faire, nous allons utiliser la fonction cumprod() de numpy.

Code : Rendement cumulatif selon la méthode des intérêts composés

```
rendement_cumulatif = np.cumprod(1+rendement) - 1
```

Annexe : Sauvegarde et chargement des modèles scikit-learn et Tensorflow

Dans cet article, nous allons apprendre à enregistrer et à charger des modèles scikit-learn et TensorFlow adaptés. Nous allons commencer par sauvegarder un modèle scikit-learn. Pour ce faire, nous allons utiliser la bibliothèque *pickle* et *joblib* en utilisant le code suivant.

Code : Sauvegarder et charger le modèle scikit-learn

```python
from sklearn.svm import SVC
import pickle
from joblib import dump, load


# Save
svc = SVC()
alg_pickle = pickle.dumps(svc)
dump(alg_pickle, "svc.joblib")


# Load
alg = load("voting.jolib")
```

Pour enregistrer des modèles avec TensorFlow, nous devons utiliser la commande de TensorFlow.

Code : Comment sauvegarder et charger les modèles TensorFlow

```python
def create_model():
  # INTIALIZATION SEQUENTIAL MODEL
  classifier = Sequential()

  # AJOUT COUCHE DENSE ET DROPOUT
  for _ in range(nb_hidden_layer):
    classifier.add(Dense(75, input_shape = (X_train.shape[1],),
activation="relu"))
```

```python
    # AJOUT COUCHE DENSE
    classifier.add(Dense(1, activation="sigmoid"))


    # COMPILATION DU MODÈLE
    classifier.compile(loss="binary_crossentropy", optimizer="adam")


    return classifier



# Save the weights
classifier.save_weights('classifier')

# Create a new model instance
model = create_model()

# Restore the weights
model.load_weights('classifier')
```

Annexe : classe MetaTrader

Pour plus d'informations sur la configuration du dispositif MetaTrader.
Consultez le fichier README.md du dépôt Github (lien disponible
dans le chapitre 1).

```python
import warnings
from datetime import datetime
import pandas as pd
import MetaTrader5 as mt5
warnings.filterwarnings("ignore")
mt5.initialize()



class MT5:

    def get_data(symbol, n, timeframe=mt5.TIMEFRAME_D1):
        """ Function to import the data of the chosen symbol"""

        # Initialize the connection if there is not
        mt5.initialize()

        # Current date extract
        utc_from = datetime.now()

        # Import the data into a tuple
        rates = mt5.copy_rates_from(symbol, timeframe, utc_from, n)

        # Tuple to dataframe
        rates_frame = pd.DataFrame(rates)

        # Convert time in seconds into the datetime format
        rates_frame['time']    =    pd.to_datetime(rates_frame['time'],
unit='s')

        # Convert the column "time" in the right format
        rates_frame['time']    =    pd.to_datetime(rates_frame['time'],
format='%Y-%m-%d')
```

```python
        # Set column time as the index of the dataframe
        rates_frame = rates_frame.set_index('time')
        return rates_frame


def orders(symbol, lot, buy=True, id_position=None):
    """ Send the orders """

    # Initialize the connection if there is not
    if mt5.initialize() == False:
        mt5.initialize()

    # Filling order mode (you need to try 0,1 or 2
    # because it is depending of the broker)
    i = 1

    # Take ask price
    ask_price = mt5.symbol_info_tick(symbol).ask

    # Take bid price
    bid_price = mt5.symbol_info_tick(symbol).bid

    # Take the point of the asset
    point = mt5.symbol_info(symbol).point

    deviation = 20   # mt5.getSlippage(symbol)
    #*********************** Open a trade **************************
    if id_position == None:

        # Buy order Parameters
        if buy:
            type_trade = mt5.ORDER_TYPE_BUY
            sl = ask_price - 100 * point
            tp = ask_price + 100 * point
            price = ask_price

        # Sell order Parameters
        else:
```

```python
            type_trade = mt5.ORDER_TYPE_SELL
            sl = bid_price + 100 * point
            tp = bid_price - 100 * point
            price = bid_price

        # Open the trade
        request = {
            "action": mt5.TRADE_ACTION_DEAL,
            "symbol": symbol,
            "volume": lot,
            "type": type_trade,
            "price": price,
            "deviation": deviation,
            "sl": sl,
            "tp": tp,
            "magic": 234000,
            "comment": "python script order",
            "type_time": mt5.ORDER_TIME_GTC,
            "type_filling": i,
        }
        # send a trading request
        result = mt5.order_send(request)
        result_comment = result.comment


    *************************** Close a trade ************************
    else:
        # Buy order Parameters
        if buy:
            type_trade = mt5.ORDER_TYPE_SELL
            price = bid_price

        # Sell order Parameters
        else:
            type_trade = mt5.ORDER_TYPE_BUY
            price = ask_price

        # Close the trade
        request = {
```

```python
        "action": mt5.TRADE_ACTION_DEAL,

        "symbol": symbol,

        "volume": lot,

        "type": type_trade,

        "position": id_position,

        "price": price,

        "deviation": deviation,

        "magic": 234000,

        "comment": "python script order",

        "type_time": mt5.ORDER_TIME_GTC,

        "type_filling": i,

    }


    # send a trading request

    result = mt5.order_send(request)

    result_comment = result.comment
return result.comment


def resume():
    """ Return the current positions. Position=0 --> Buy """
    # Initialize the connection if there is not

    mt5.initialize()


    # Define the name of the columns that we will create

    colonnes = ["ticket", "position", "symbol", "volume"]


    # Go take the current open trades

    current = mt5.positions_get()


    # Create a empty dataframe

    summary = pd.DataFrame()


    # Loop to add each row in dataframe
    # (Can be ameliorate using of list of list)

    for element in current:

        element_pandas = pd.DataFrame([element.ticket,

                                       element.type,

                                       element.symbol,
```

```python
                                        element.volume],
                            index=colonnes).transpose()
        summary = pd.concat((summary, element_pandas), axis=0)


    return summary


def run(symbol, long, short, lot):

    # Initialize the connection if there is not
    if mt5.initialize() == False:
        mt5.initialize()

    # Choose your  symbol
    print("-------------------------------------------------------")
    print("Date: ", datetime.now().strftime("%Y-%m-%d %H:%M:%S"))
    print("SYMBOL:", symbol)

    # Initialize the device
    current_open_positions = MT5.resume()
    # Buy or sell
    print(f"BUY: {long} \t  SHORT: {short}")

    """ Close trade eventually """
    # Extraction type trade
    try:
        position                                              =
current_open_positions.loc[current_open_positions["symbol"]==symbol].val
ues[0][1]

        identifier                                            =
current_open_positions.loc[current_open_positions["symbol"]==symbol].val
ues[0][0]
    except:
        position= None
        identifier = None

    print(f"POSITION: {position} \t ID: {identifier}")
```

336

```python
        # Close trades
        if long==True and position==0:
            long=False


        elif long==False and position==0:
            res  =  MT5.orders(symbol,  lot,  buy=True,  id_position=
identifier)
            print(f"CLOSE LONG TRADE: {res}")


        elif short==True and position ==1:
            short=False


        elif short == False and position == 1:
            res  =  MT5.orders(symbol,  lot,  buy=False,  id_position=
identifier)
            print(f"CLOSE SHORT TRADE: {res}")


        else:
            pass



        """ Buy or short """
        if long==True:


            res = MT5.orders(symbol, lot, buy=True, id_position=None)
            print(f"OPEN LONG TRADE: {res}")


        if short==True:
            res = MT5.orders(symbol, lot, buy=False, id_position=None)
            print(f"OPEN SHORT TRADE: {res}")


        print("--------------------------------------------------------")


    def close_all_night():
        result = MT5.resume()
        for i in range(len(result)):
            before =  mt5.account_info().balance
```

```
        row = result.iloc[0+i:1+i,:]

        if row["position"][0]==0:

            res  =  MT5.orders(row["symbol"][0],  row["volume"][0],
buy=True, id_position=row["ticket"][0])


        else:

            res  =  MT5.orders(row["symbol"][0],  row["volume"][0],
buy=False, id_position=row["ticket"][0])
```

338

Lectures complémentaires

Chapitre 3
- Markowitz's "Portfolio Selection " : A Fifty-Year Retrospective, The University of Chicago Press
  https://www.jstor.org/stable/269777
- Gestion de portefeuille : analyse moyenne-variance sur le marché des actifs américains, Narela (Bajram) Spaseski,
  https://www.researchgate.net/publication/264423979_PORTFOLIO_MANAGEMENT_MEAN-VARIANCE_ANALYSIS_IN_THE_US_ASSET_MARKET.
- Optimisation de portefeuille basée sur la moyenne-variance-skewness-kurtosis, KingKeung Lai, Shouyang Wand, Lean yu
  https://citeseerx.ist.psu.edu/viewdoc/download?doi=10.1.1.898.991&rep=rep1&type=pdf

Chapitre 4
- Allocation tactique d'actifs (TAA), ADAM BARONE.
  https://www.investopedia.com/terms/t/tacticalassetallocation.asp

Chapitre 5
- Optimisation de la valeur à risque conditionnelle, R. Tyrrell Rockafellar.
  https://www.ise.ufl.edu/uryasev/files/2011/11/CVaR1_JOR.pdf

Chapitre 7
- Stationnarité et différentiation.
  https://people.duke.edu/~rnau/411diff.htm
- Cointégration, Niti Gupta.
  https://www.wallstreetmojo.com/cointegration/
- Pairs Trading, James Chen.
  https://www.investopedia.com/terms/p/pairstrade.asp

Chapitre 8
- Qu'est-ce qu'une série temporelle ?, Adam Hayes.
  https://www.investopedia.com/terms/t/timeseries.asp

- Modèle de moyenne mobile autorégressive, Wikipedia. https://en.wikipedia.org/wiki/Autoregressive-moving-average_model

Chapitre 9
- Régression linéaire pour l'apprentissage machine, Jason Brownlee. https://machinelearningmastery.com/linear-regression-for-machine-learning/

Chapitre 11
- Machine à vecteur de support, Wikipedia. https://en.wikipedia.org/wiki/Support-vector_machine

Chapitre 12
- Decision Trees in Machine Learning, Prashant Gupta. https://towardsdatascience.com/decision-trees-in-machine-learning-641b9c4e8052
- Méthodes d'ensemble dans l'apprentissage automatique : Que sont-elles et pourquoi les utiliser ? Evan Lutins. https://towardsdatascience.com/ensemble-methods-in-machine-learning-what-are-they-and-why-use-them-68ec3f9fef5f

Chapitre 13
- Stochastic Gradient Descent - Clearly Explained !, Aishwarya V Srinivasan. https://towardsdatascience.com/stochastic-gradient-descent-clearly-explained-53d239905d31

Chapitre 14
- Cheatsheet Réseaux neuronaux récurrents, Afshine Amidi et Shervine Amidi. https://stanford.edu/~shervine/teaching/cs-230/cheatsheet-recurrent-neural-networks

Chapitre 15
- Introduction aux réseaux neuronaux convolutifs (CNN), Manav Mandal. https://www.analyticsvidhya.com/blog/2021/05/convolutional-neural-networks-cnn/

Printed in France by Amazon
Brétigny-sur-Orge, FR

17168914R00192